UNSERE NEUE BESTE FREUNDIN, DIE ZUKUNFT

Andreas Salcher
Unsere neue beste Freundin, die Zukunft

Umschlaggestaltung: **kratkys.net** ✕
Satz: Bastian Welzer

Gesetzt in der Premiera
Gedruckt in Europa

1 2 3 4 5 — 26 25 24 23

ISBN 978-3-99001-675-6

ANDREAS SALCHER

UNSERE NEUE BESTE FREUNDIN, DIE ZUKUNFT

*Was die Jungen wissen
und wir noch nicht*

edition a

Gewidmet Mihály Csíkszentmihályi, Burkhard Ellegast,
David Goldberg und Ernst Scholdan.

Es sind ihre Gedanken und Werke, die bleiben.

INHALT

Das offene Geheimnis –
worum es in diesem Buch geht

Die Zukunft ist etwas, das meistens schon da ist, bevor wir es erkennen. Deshalb habe ich mich für dieses Buch auf die Reise gemacht und bei jenen nachgefragt, die unsere Welt von morgen gestalten werden: bei begabten jungen Menschen in Österreich und Deutschland.

Schon immer umwehte die Jugend aus Sicht der Erwachsenen ein Geheimnis. In den Jungen reifen die neuen Denkweisen vielleicht noch im Verborgenen, sind aber bereits angelegt. Sie verfügen über Potenziale und Fähigkeiten zu allen möglichen Bereichen des Lebens, die uns Älteren oft fehlen. Die Ansichten und Ideen der Jungen wurden noch nicht abgeschliffen durch die Erfahrungen im Laufe des Lebens. Sie können oft selbst nicht konkretisieren, was genau sie uns auf einer tieferen Ebene voraushaben. Ihr ungetrübter Blick auf die Welt von morgen kann uns als Quelle der Inspiration dienen. Allerdings nur dann, wenn wir ihnen genau zuhören, sie beobachten und versuchen, die gemeinsamen Muster zu entschlüsseln.

Manche ihrer Ansichten, Visionen und Ideen sind sehr idealistisch und nicht eins zu eins auf die Herausforderungen, vor denen wir Erwachsenen heute stehen, übertragbar. Daher habe ich die aus den Gesprächen mit den Jungen gewonnenen Erkenntnisse mit der Lebenserfahrung der besonderen Menschen, die ich in meinem Leben kennenlernen durfte, verschmolzen. Entstanden ist ein subjektives, auch von meinen persönlichen Einschätzungen geprägtes Bild davon, was wir heute von der kommenden Generation lernen dürfen, um morgen noch mitgestalten zu können. Die in den einzelnen Kapiteln beschriebenen Einstellungen, Haltungen und Fähigkeiten zeigen Ihnen, wie Sie den ständigen Wandel für Ihr persönliches Wachstum nutzen können. Vielleicht wird sich auch die Art, wie Sie auf die Talente Ihrer Kinder schauen, ein klein wenig verändern. Die Zukunft hat nicht einen richtigen Zugang, sondern viele. Man kann nie alle Zugänge kennen, aber Sie können sich bestimmte Denkweisen und Haltungen aneignen, um Ihre eigenen Fähigkeiten klarer zu sehen. Zum Beispiel: Neues entdecken, statt vorschnell zu urteilen; book smart – aber auch street smart sein; sich selbst erkennen, anstatt Künstliche Intelligenz über sich entscheiden zu lassen; verstehen, warum Altruismus in Zukunft der bessere Egoismus ist; sich in einer von Technologie dominierten Welt von der Kunst berühren lassen; richtig in die eigene mentale Gesundheit investieren; sich mit Philosophie beschäftigen, statt Programmieren zu lernen; sich auf echte Dialoge einlassen, anstatt sich in fruchtlosen Diskussionen zu verstricken; die vier entscheidenden Zukunftskompetenzen beherrschen. Und vielleicht das Wichtigste: Lernen, was erfolgreiche Lernende von weniger erfolgreichen unterscheidet.

Sie werden allerdings merken, dass sich diese einzelnen Puzzlesteine nicht einfach zu einem fertigen Bild zusammenfügen lassen. Daher hat mir eine Frage den Schlaf geraubt: Gibt es ein gemeinsames Muster, das alle jungen Menschen, mit denen ich gesprochen habe, verbindet?

Vielleicht haben Sie schon einmal erlebt, dass mitten in der Nacht der Wecker läutete, weil er falsch eingestellt war. Eine ähnliche Timer-Funktion ist auch in unserem Unbewusstsein eingebaut. Wenn wir uns wochenlang mit einer Frage beschäftigen, dann arbeitet unser Unbewusstsein in der Nacht weiter und weckt uns irgendwann um vier Uhr morgens auf, und plötzlich wird uns klar:»Genau, das ist es.« So ist es mir bei der Suche nach dem fehlenden roten Faden gegangen, der alles in diesem Buch verbindet.

Inspiration kann man nicht einfordern, man kann sie lediglich herbeiwünschen, und manchmal kommt sie eben in der Nacht. Beim Nachdenken habe ich mich erinnert, welche Freude es war, mit diesen jungen Menschen zu reden, ihre positive Energie zu spüren. Trotz aller Krisen konnte ich keinen Pessimismus spüren. Viele waren besorgt, was die Zukunft der Welt betrifft, aber sie sahen ihre eigene durchwegs zuversichtlich. Ich erkannte, dass das genau die Einstellung ist, die nicht nur die besonders begabten Jungen auszeichnet, sondern fast alle, die ihr Leben gut bewältigen. Diese Grundhaltung gleicht einem offenen Geheimnis, sie ist uns nur oft nicht bewusst:

Vertrauen ins Leben

Das geht weit über positives Denken und Optimismus hinaus. Hätte ich die Möglichkeit, allen Leserinnen und Lesern einen Zaubertrank in ihr Wasser zu mischen, der eine

Kraft in ihnen verdoppelt, so wäre das: Vertrauen ins eigene Leben. Doch wie kommt man ohne Zaubertrank zu solchem Vertrauen, wie kann man es stärken?

Die wichtigste Botschaft, auf der dieses Buch aufbaut, lautet: Es existiert eine Brücke zwischen dem Wissen über unsere eigenen Fähigkeiten und dem Vertrauen ins Leben. Menschen durchlaufen in ihrem Leben verschiedene Entwicklungsstufen. Sobald die Bedürfnisse eines Kindes nach Nahrung, Sicherheit und Zuneigung in der ersten Lebensphase zuverlässig erfüllt worden sind, entwickelt es ein Grundvertrauen in die Welt. Menschen, die über hohes Grundvertrauen verfügen, sind imstande, sich selbstbewusst an immer neue Aufgaben heranzuwagen, um herauszufinden, wo ihre tatsächlichen Fähigkeiten liegen.

Waren alle meine Gesprächspartner mit einem hohen Grundvertrauen ausgestattet? Offensichtlich nicht. Glücklicherweise ist die Brücke zwischen dem Grundvertrauen ins Leben und den eigenen Fähigkeiten von beiden Seiten begehbar. »Tiefes Vertrauen ins Leben ist kein Gefühl, sondern eine Haltung, die man bewusst wählt. Eine Einstellung, die wir Mut nennen«, sagt der Benediktinermönch David Steindl-Rast.

Wer in der Kindheit nur mit einem geringen Grundvertrauen startet, kann sich dieses auch im Laufe seines Lebens erarbeiten. Jede Form von positiven Erfahrungen und unterstützenden Beziehungen trägt dazu bei. Man kann die Brücke daher auch von der Seite der Erfolgserlebnisse betreten, welche einem durch das Erkennen der eigenen Fähigkeiten gelingen. Je besser jemand diese Möglichkeiten nutzt, desto stärker findet er durch Anwendung seiner Talente Vertrauen ins Leben. Das betrifft keineswegs nur intellektuelle Fähigkeiten. Wer an einem Kletterkurs teilnimmt und merkt, dass er gut klettern kann, der wird Selbstvertrauen und Sicherheit auch in anderen Bereichen gewinnen.

Arthur Koestler hat gesagt: »Jeder Mensch ist eine Insel, die sich nach Vereinigung mit dem Festland sehnt.« Diese Brücke von der Insel zum Festland ist gebaut auf Vertrauen. Erst Vertrauen ins Leben lässt Ihre Talente und die Ihrer Kinder aufblühen. Der EQ, darunter versteht man die Summe aller emotionalen und sozialen Kompetenzen, wird in der Welt von morgen sicher noch wichtiger werden. In seinem Konzept der »multiplen Intelligenzen« hat der Harvard-Forscher Howard Gardner aufgezeigt, dass der IQ nur eine von mehreren Intelligenzen ist. Im Kapitel »Wir überschätzen den Intelligenzquotienten und unterschätzen die Selbstdisziplin« dokumentiert eine Studie, dass ein hoher IQ in Verbindung mit geringer Selbstannahme sogar hinderlich für das Lebensglück sein kann. Ich bin fest davon überzeugt, dass es zusätzlich zum IQ und EQ einen weiteren Faktor gibt, der als Multiplikator für alle anderen Fähigkeiten wirkt, die in diesem Buch beschrieben werden: den VQ oder Vertrauens-Quotienten.

Ein wesentlicher Teil meiner Recherche basiert auf Gesprächen in zwei Schulen, die sich auf die Förderung hochbegabter junger Menschen konzentrieren, der Sir Karl Popper Schule in Wien und des Sächsischen Landesgymnasiums Sankt Afra in Meißen. Mir ist bewusst, dass Leistung heute einen stark ideologisch besetzten Begriff darstellt. Dennoch ist weitgehend unbestritten, dass manche Menschen über außergewöhnliche sportliche oder künstlerische Veranlagungen verfügen, die dann schon in ihrer Jugend in speziellen Fußballakademien, Skigymnasien oder Musikschulen gefördert werden. Genauso gibt es intellektuelle Hochbegabung. Die von mir interviewten Schüler und Absolventen sind keineswegs einseitige Kopfmenschen. Viele engagieren sich neben dem Studium ehrenamtlich als Rettungssanitäter, geben unbezahlt Nachhilfe, betreiben Leistungssport oder spielen Theater. Manche hatten schwierige Schicksalsschläge zu bewältigen, einer hatte Leukämie, die Krankheit kam zweimal zurück und er absolvierte einen Teil seiner Schulzeit als Popper-Schüler im St. Anna Kinderspital. Eine Schülerin aus St. Afra musste aufgrund ihrer schweren Magersucht drei Monate in einer Reha-Klinik verbringen, um anschließend das Abitur trotzdem zu schaffen.

Ich bin immer wieder überrascht, wie wenig Menschen über ihre herausragendsten Fähigkeiten wissen. Dabei ist es klüger, jene Fähigkeiten zu entwickeln, die man hat, und nicht solche, die man sich wünscht. Das Wichtigste, das die Sir Karl Popper Schule und das Sächsische Landesgymnasium Sankt Afra von vielen anderen Bildungseinrichtungen unterscheidet, ist, dass sie ihre Schülerinnen und Schüler dabei unterstützen, herauszufinden, worin sie wirklich gut sind.

In der gesamten Menschheitsgeschichte ist irgendwann die Entscheidungsmacht immer an die nächste Generation übergegangen – das wird in Zukunft nicht anders sein. Selbst wenn die jungen Menschen viele Dinge ganz anders sehen und noch keine Antworten auf viele Zukunftsfragen wissen, sollten wir darauf vertrauen, dass sie die Führungsaufgaben in der Gesellschaft verantwortungsvoll und reflektiert ausüben werden. Die Anthropologin Margaret Mead hat es auf den Punkt gebracht: »Zweifle nie daran, dass eine kleine Gruppe engagierter Menschen die Welt verändern kann – tatsächlich ist dies die einzige Art und Weise, in der die Welt jemals verändert wurde.«

Dieses Buch ist reich an Zitaten, einige gehen bis in die Antike zurück. Was haben Hinweise auf Erkenntnisse aus der Vergangenheit in einem Buch, das sich mit den notwendigen Fähigkeiten für die Welt von morgen auseinandersetzt, verloren? Gerade in turbulenten Zeiten ist es gut zu wissen, dass bestimmte Dinge gleichbleiben.[1] Das Warenangebot in Supermärkten ist zwar vielfältiger geworden, aber wir kaufen noch immer Waschmittel, Brot, Lebensmittel und Süßigkeiten, um diese nach Hause zu schleppen. Es gibt heute Unmengen von Jeansmarken in allen Preiskategorien, am Ausgangsstoff hat sich wenig geändert. Wir verlieben uns, bauen Beziehungen auf, setzen Kinder in die Welt, die später Schulen besuchen, in denen meist sehr ähnlich unterrichtet wird wie in unserer eigenen Schulzeit. An den großen Konstanten Kindheit, Jugend, Arbeit, Freizeit, Ruhestand und Tod hat sich zwar die Art, wie wir diese leben, verändert, aber nicht so sehr der Inhalt jener Lebensabschnitte. Liebeskummer wird nicht kleiner, weil wir die Abfuhr heute nicht mehr in einem

Brief oder Telefonat erhalten, sondern per WhatsApp. Vieles verändert sich, doch die Sehnsüchte, Hoffnungen und Ängste der Menschen bleiben gleich. Daher verkörpern einige der alten Weisheitslehren gültige Wahrheiten, die auch für uns im 21. Jahrhundert hilfreich sein können.

Es liegt an uns, ob die Zukunft für uns die große Unbekannte bleibt, die plötzlich unser Leben umstülpt. Oder ob wir uns die Zukunft zur neuen besten Freundin machen, wissend, dass wir auch von unseren Freunden und Freundinnen nicht immer nur schöne Überraschungen zu erwarten haben. Vertrauen ins Leben ist getragen von der Überzeugung: Am Ende wird alles gut. Und wenn es nicht gut wird, dann ist es nicht das Ende.

Nach der Lektüre eines Sachbuchs fragt man sich oft: Vieles klingt gut und richtig, aber was kann ich jetzt konkret tun? Erinnern Sie sich an gute Ratschläge oder Weisheiten, für die Sie dankbar gewesen wären, wenn Sie diese Jahre früher erhalten hätten? Das letzte Kapitel »Keiner von uns ist so klug wie wir alle zusammen« enthält einen Vorschlag, wie Sie sofort anfangen können. Lassen Sie sich überraschen.

1 John Naisbitt: Mind Set! Wie wir die Zukunft entschlüsseln. 2006. Hanser, S. 19.

Viele Erkenntnisse in diesem Buch wurden durch die Gespräche mit besonders begabten jungen Menschen inspiriert. Die Interviews wurden in zwei Schulen geführt, die sich auf die Förderung hochbegabter Schüler konzentrieren:

Die **Sir Karl Popper Schule** in Wien ist ein Sonderzweig des öffentlichen Wiedner Gymnasiums mit dem Schwerpunkt Begabungsförderung.

www.popperschule.at

Folgende Schülerinnen und Schüler beziehungsweise Absolventen haben an dem Buch mitgewirkt:

Julian Bridi	Elisa Briem
Florian Brosch	Adam El-Hamalawi
Stella Engel	Paula Gokl
Leonhard Goliasch	Rosa Mangold
David Michler	Martin Pleyer
Lina Reiter	Lara Tegrovsky
Alessandro Rodia	Julian Rothenbuchner
Simon Urwaleck	

Das **Sächsische Landesgymnasium Sankt Afra in Meißen** ist eine öffentliche Schule für Hochbegabtenförderung im Freistaat Sachsen.

www.sankt-afra.de/landesgymnasium-sachsen

Folgende Schülerinnen und Schüler bzw. Absolventen haben an dem Buch mitgewirkt:

Charlotte Beckmann	Laurenz Frenzel
Lasse Höhle	Lara Müller
Ole Pawlowski	Carolin Terkamp
Oskar Wienecke	David Wittmann

Aus Gründen der flüssigeren Lesbarkeit erfolgt die Zuordnung der wörtlichen Zitate im Buch zur jeweiligen Schule nur, wenn dies der Kontext erfordert. Die Schülerinnen und Schüler verwenden meist die Begriffe »Popper-Schüler« und Afraner« für sich, deshalb wurden sie so übernommen.

Einsichten: Heute sehen, was morgen wichtig sein wird

Wer vorschnell urteilt,
erkennt oft Neues nicht

»Als ich 14 war, war mein Vater so dumm, dass
ich ihn kaum ertragen konnte. Aber als ich 21
wurde, war ich doch erstaunt, wie viel der alte
Mann in sieben Jahren dazugelernt hatte.«

Mark Twain

Julian Rothenbuchner studiert Space Technology an der
Tech Uni in Delft: »Es gibt hier in den Niederlanden offene Entscheidungsträger, die schauen sich ein revolutionä-
res Konzept vorurteilsbefreit an und denken nicht gleich:
›Kenne ich das schon oder wie alt ist die Person, die das gerade vorschlägt?‹, sondern sie fragen vorurteilsfrei: ›Ist das
eine gute Idee? Hat das Potenzial?‹ Die verwenden ihr Wissen, um wirklich genau zu schauen, bevor sie bewerten. In
Österreich habe ich oft erlebt, dass die Wahrscheinlichkeit
höher ist, auf Leute vor allem aus der älteren Generation
zu treffen, die gleich am Anfang sagen: ›Nein, das kann ja
nie funktionieren.‹ Solange keine zwei Doktortitel vor dei-
nem Namen stehen, hast du für die keine Glaubwürdigkeit.
Ich bin in Business-Meetings reingegangen, wo ich dann
zwei Stunden lang eine Vorlesung von den Entscheidungsträgern über ›Das sind die ganz fundamentalen Dinge von
Space Business‹ bekommen habe, die ich ohnehin längst
wusste. Wenn du dann zu argumentieren beginnst, lassen

sie dich nicht ausreden, bevor du überhaupt zum entscheidenden Punkt kommst. Sie wollen nur noch über Dinge reden, die sie schon kennen. Dieses sehr enge Mindset verhindert Innovation.«

Eine Aussage zieht sich durch fast alle Interviews: Die Alten urteilen und verurteilen neue Ideen oft sehr schnell, ohne sich ernsthaft damit auseinanderzusetzen. Sie denken aufgrund ihrer Erfahrung Vorschläge immer mit allen möglichen, vor allem den negativen Konsequenzen, bis zum Ende durch. Lasse Höhle, Schüler in St. Afra, widerspricht dieser These allerdings. Die privilegierten Alten in unserer Gesellschaft denken die Folgen ihrer Entscheidungen eben nicht in letzter Konsequenz zu Ende. Sie suchen sich vielmehr die für sie passenden Argumente aus, um den Status quo zu verteidigen, und fürchten Einfluss zu verlieren. »Ich glaube, dass unsere Generation anders aufwächst und mit neuen Lösungen an die Probleme herangeht«, meint Lasse Höhle.

Unabhängig von ihrem Alter besitzen konstruktive Menschen die Fähigkeit, einer neuen Idee aufbauend auf ihrem Wissen offen gegenüberzutreten. Frei von geistigen Fesseln werden zunächst Grenzen ausgetestet und verschoben und so der Weg für bahnbrechende Entdeckungen und Erfindungen bereitet. Unkonventionellen Vorschlägen unvoreingenommen gegenüberzutreten ist, wenn wir uns ehrlich sind, für uns Älteren eine riesige Herausforderung, vor allem auf Gebieten, auf denen wir uns kompetent fühlen. Oft würde es schon ausreichen, wenn wir unser Feedback wertschätzend und nicht belehrend geben. Es gibt einen Unterschied zwischen: »Tu das nicht, ich weiß, wovon ich rede« oder: »Dieses Thema bereitet mir Sorgen, weil es unangenehme Folgen haben könnte. Was denkst du, wie könnten wir das gemeinsam lösen?«

Es fehlen die Brücken zwischen den Generationen – auch die Jungen sind gespalten

Die Arbeit an diesem Buch hat mir selbst geholfen, mein eigenes Verhalten gegenüber jungen Menschen unter einer neuen Perspektive zu sehen. Denn die Generationen der »Digital Natives« und der »50plus« klaffen immer mehr auseinander. Lenny Goliasch: »Ich würde meinen Eltern und Großeltern gerne abgewöhnen, dass sie neue gesellschaftliche, technologische Entwicklungen zuerst, vor allem anderen, immer mit Ablehnung begegnen.« Die einen sind mit den Werten der »alten Schule«, wie Pünktlichkeit, Verlässlichkeit, Lernen tut man aus Erfahrung und Erfolg muss man planen, aufgewachsen. Die anderen leben in einer Welt der ständigen Veränderung, des Ausprobierens ohne fixen Lebensplan, des Stresses der vielen Möglichkeiten und der Gefahr des Verlorengehens in den virtuellen Welten.

Die Konfliktlinien verlaufen freilich nicht nur zwischen den Jungen und Alten, sondern auch innerhalb der Generation der Jungen. Das Spannungsfeld Freiheit versus Gerechtigkeit polarisiert auch bei ihnen. Die gut gebildeten jungen Menschen agieren sehr sensibel in Fragen der Diskriminierung von Rasse, Geschlecht und Herkunft. Sie haben viel Verständnis für Minderheiten, die lautstark versuchen, ihren Anliegen öffentliche Aufmerksamkeit zu verschaffen, weil diese sonst nicht in der Mitte der Gesellschaft ankommen. Die Meinungsbildung erfolgt in ihrer eigenen Community und sie informieren sich primär über linksliberale Medien. Viele sehen die Marktwirtschaft sehr kritisch beziehungsweise lehnen diese als die Menschen und die Umwelt ausbeutenden Kapitalismus ab. Den Klimawandel empfinden sie als größte Bedrohung für die Menschheit, die man auch mit radikalen Methoden jenseits der parlamentarischen Demokratie bekämpfen muss. Politisch identifizieren sich die Gymnasiasten und Studenten am ehesten mit den Grünen. An zweiter Stelle kommen die Liberalen, in Deutschland die FDP, in Österreich die Neos. Eine kleine Minderheit wählt die extreme Linke. Im ideologischen Grundkonflikt über die Frage, ob eine Gesellschaft mehr die Freiheit des Einzelnen oder Gleichheit für möglichst alle garantieren soll, entscheidet sich die Mehrheit der Afraner und Popper-Schüler für Gleichheit. Dieser öffentlich sehr präsenten Gruppe stehen ihre weniger gebildeten Altersgenossen gegenüber, die sich ausgegrenzt und in ihren Lebenschancen benachteiligt fühlen. Sie sorgen sich eher um ihre persönliche Zukunft als um jene der Welt. Politisch tendieren sie zu rechtspopulistischen Parteien. Bio beim Einkaufen ist für sie und ihre Eltern oft nicht leistbarer Luxus, sie verzichten auf Flug- und Fernreisen nicht wegen dem Klimawandel, sondern aus Mangel an Geld.

Diese kurze subjektive Einschätzung soll nur verdeutlichen, dass weder die Generation der Älteren noch die der Jungen durch einheitliche Werte geprägt ist, sondern die Konfliktlinien auch in Zukunft sowohl zwischen als auch innerhalb der Generationen verlaufen werden. Die Fähigkeit, die Kunst des echten Dialogs zu erlernen, statt sich in Diskussionen zu verstricken, wird daher für alle Generationen entscheidend sein, deshalb widme ich dem Thema auch ein eigenes Kapitel.

Das Prinzip der verzögerten Kritik als Mittel gegen die hohe Säuglingssterberate neuer Ideen

>»Erfahrung heißt gar nichts. Man kann seine
>Sache auch 35 Jahre schlecht machen.«
>
> Kurt Tucholsky, Schriftsteller

Die Jungen wünschen sich, dass man ihnen vorurteilsfrei zuhört, sich in ihre Lage versetzt und ihre Ideen erst nach einer längeren Nachdenkzeit beurteilt. Dieser Ansatz ist keineswegs neu, sondern entspricht dem Prinzip der verzögerten Kritik. Jenes wurde vom Erfinder des Brainstormings, dem Mitbegründer der Werbeagentur BDO (heute BBDO) Alex Faickney Osborn bereits 1938 definiert. Er entwickelte das Brainstorming (Gehirnsturm), die am häufigsten und am häufigsten falsch angewendete Kreativitäts-Methode. Brainstorming ist *nicht*, wenn sich einige Leute fünf Minuten zusammensetzen und jeder sagt, was ihm gerade einfällt. Falsch eingesetzt führt Brainstorming zu enttäuschenden und vor allem konventionellen Ergebnissen. Osborn hat jahrelang Sitzungen analysiert und dabei die Hauptursachen für die Blockierung der Kreativität gefunden. Diese stimmen in verblüffender Weise mit der Kritik der Jungen von heute an der vorschnellen Bewertung ihrer Ideen überein. Osborn schlug einen Prozess vor, der diese Hemmnisse durch strenge Regeln ausschalten, innerhalb jener Regeln aber Raum für maximale gedankliche Freiheit schaffen sollte:

- Der Mensch neigt dazu, mit anerkannten Vorstellungen übereinzustimmen, darum ist jede Idee prinzipiell erlaubt, auch wenn sie scheinbar überhaupt nichts mit der Problemstellung zu tun hat.
- Der Mensch tendiert zu vorschnellen Urteilen, daher ist während des Prozesses jede Form von Kritik verboten.
- Der Mensch hat die Neigung zur Furcht, sich lächerlich zu machen, deswegen gibt es keine Sanktionen für »dumme Ideen« oder »blöde Bemerkungen«. Sie sind sogar ausdrücklich erwünscht.
- Der Mensch fürchtet Tadel und Kritik von Vorgesetzten, darum findet Brainstorming in einem hierarchiefreien Raum statt, wo weder formale Position noch Erfahrung eine Rolle spielen.
- Der Mensch hat Angst davor, dass eigene gute Ideen gestohlen werden, deshalb gibt es kein Besitzrecht an Ideen, die Gruppe agiert als Ganzes.

Das Prinzip der verzögerten Kritik könnte ein hilfreiches Werkzeug sein, um den Dialog zwischen den Generationen in produktive Bahnen zu lenken. Denn es gibt ein natürliches Spannungsfeld zwischen schöpferischer Fantasie und kritisch-rationalem Urteilsvermögen. In der Kindheit und Jugend ist vor allem das affektive, kreative Potenzial gut ausgeprägt, während mit zunehmendem Lebensalter aufgrund von Erfahrungen das kritische Urteilsvermögen zunimmt. Das bedeutet nicht, dass ältere Menschen nicht kreativ und junge nicht kritisch gegenüber ihren eigenen Ideen sein können. Es herrscht aber eine unterschiedliche Ausprägung jener Fähigkeiten. Denn Erfahrung kann hinderlich sein, um neue Dinge zu erkennen, aber auch notwendig, um nicht gegen die erste Mauer zu krachen. Ältere können den Jungen mit ihren Kontakten Türen öffnen, und die Jungen können ihnen dafür helfen, ihre Erfahrungen in einer digitalen Welt weiter nutzbar zu machen.

Caro Terkamp: »Ich glaube, dass sich einfach die Interaktion zwischen den Generationen in den letzten Jahren teilweise ins Negative verändert hat. Wir hören einander zu wenig zu. Aber die Welt wandelt sich so schnell, dass es sich lohnt, sich gegenseitig zuzuhören. Die ältere Generation muss die Hürde ihrer vermeintlich großen Lebenserfahrung überwinden, um von den Jüngeren zu lernen. Genauso dürfen wir jüngere Leute nicht sagen: ›Na ja, die sind halt alle alt, die haben doch eh keine Ahnung mehr, wie es heute funktioniert, vor allem was Technik betrifft.‹«

»Die Alten und die Jungen« sind ein Thema, das seit Generationen bewegt, wie nachstehendes Gedicht von Theodor Fontane zeigt:

»›Unverständlich sind uns die Jungen‹,
wird von den Alten beständig gesungen;
meinerseits möcht ich's damit halten:
›Unverständlich sind mir die Alten.‹
Dieses Am-Ruder-bleiben-Wollen
in allen Stücken und allen Rollen,
Dieses Sich-unentbehrlich-Vermeinen
samt ihrer ›Augen stillem Weinen‹,
als wäre der Welt ein Weh getan – (...)«

Entwickeln Sie ein Anfänger-Mindset und Sie werden viele Möglichkeiten statt nur wenige entdecken

»Wenn dein Geist leer ist, dann ist er bereit für alles. Im Anfänger-Mindset gibt es immer viele Möglichkeiten, aber im Experten-Mindset nur wenige.«

Shunryū Suzuki

»Shoshin«, das Konzept des »Anfänger-Mindsets«, stammt ursprünglich aus dem Zen-Buddhismus.[1] Auch wenn man kein Zen-Buddhist werden will, das ist ein ziemlich aufwändiger Weg, kann ein Anfänger-Mindset durchaus hilfreich sein. Meine eigenen Erfahrungen in Tassajara, dem von Shunryū Roshi gegründeten ersten Zen-Kloster in den USA, bieten einen hoffentlich interessanten Einstieg in eine andere Welt. Da es im Zen darum geht, möglichst immer im Jetzt zu sein, habe ich diesen Teil in der Gegenwartsform geschrieben.

Man muss kein Zen-Mönch werden, um ins Kloster zu gehen

Tassajara, nur mit einem Geländewagen auf engen Pfaden im Carmel Valley in Kalifornien erreichbar, ist kein Ort, der einen vom ersten Augenblick einfängt. Seine Kraft entfaltet sich langsam, dafür stetig. Das immer präsente Geräusch von fließendem Wasser, die heißen Bäder, der harte kalte Holzboden im Shendo (Meditationshalle), die freundlichen Mönche, die sich untereinander mit der buddhistischen Verbeugung begrüßen, während sich die profanen Gäste mit einem »Hi« begnügen, das von Herzen kommt. Auffallend bei allen Mönchen und Studenten ist die kerzengerade Haltung, und dass sie auch auf breiten Gängen nicht wie bei profanen Menschen üblich in der Mitte, sondern immer an der Seite gehen, damit automatisch Platz für andere ist. Haltung kommt vor Meditation.

Im Zentrum startet alles pünktlich auf die Minute und wird durch Glockenschläge oder Trommel angekündigt, von der Morgenmeditation um 5.45 Uhr über das Frühstück bis zum Abendessen genau um 19 Uhr. Da erkenne ich große Parallelen zu den Benediktinern. In der Nacht gibt es nur Petroleumlampen, was mir als Städter das Gefühl von Nacht und Dunkelheit wiedergibt. Beginnt man die Umgebung von Tassajara zu erkunden, findet man sich in einzigartiger Wildnis und landschaftlicher Schönheit.

Tassajara ist kein Platz, wo vordergründige Weisheiten gelehrt werden. Die erste über einstündige Meditation um 5.45 Uhr erfolgt ohne Instruktion gemeinsam mit den Mönchen. Fragen der Gäste, ob man es ordentlich gemacht hat und wie es richtig geht, werden liebevoll-ironisch beantwortet, mit dem Hinweis, dass es keine richtige Art zu meditieren gibt. Alle Rezepte würden nur falsche Erwartungshaltungen auslösen. Der Sinn der sehr strengen Sitzhaltung liegt vor allem darin, dass man sich aufs Formale konzentriert und sich nicht so schnell in den eigenen Gedanken verliert, was uns Anfängern natürlich überhaupt nicht gelingt. Zen ist eben nicht, wie viele glauben, die Fähigkeit, an nichts zu denken, sondern die Gabe, seine Gedanken nicht Besitz von Geist und Wollen ergreifen zu lassen.

Die Abkürzung zur Weisheit ohne Schmerzen

Meiner Natur entsprechend suche ich die Abkürzung zur Weisheit und bitte Ed Brown, den Priester, der die spirituelle Autorität in Tassajara verkörpert, um ein Privatissimum. Ed Brown hat sein ganzes Leben dem Studium und der Praxis von Zen gewidmet. »War das sinnvoll?«, frage ich ihn. Er kam mit den typischen Gefühlen des Zweifels, der Verlorenheit nach Tassajara und fand dort zu sich – er nennt es »Reparenting«. Die westliche Psychotherapie versteht darunter eine therapeutische Haltung, die dem Patienten gezielt nachträgliche, elterliche Fürsorge zukommen lässt. Ed ist ein faszinierender Vortragender mit viel Witz und Weisheit. Auf die Frage eines Gastes, wie man denn mit all den Schmerzen während der strikten Sitzhaltung in der Meditation umgeht, antwortet er: Er habe selbst zehn Jahre gebraucht, um eine einigermaßen passende Sitzhaltung zu finden. Manchmal hatte er das Gefühl, so viel Schmerz müsse einfach gut sein für seine geistige Entwicklung, und dass er dafür mit viel Licht am Ende des Tunnels belohnt werden würde. Doch es sei gut möglich, dass da kein Licht komme und der Schmerz weiterginge. Er fand für sich heraus, dass es manchmal besser ist, das schmerzende

Bein ein bisschen zu bewegen. Aus seiner Sicht ist es viel seligmachender, den Druck von den Schülern zu nehmen, als ihnen einzureden, dass das Leiden notwendig ist. Entscheidend sei eher, das richtige Ausmaß von Schmerz zu erreichen, sodass man sich fühlt und wach ist und gleichzeitig nicht völlig davon blockiert wird. Die entscheidende Frage stelle ich dem Meister am Ende unseres Gesprächs: »Was kommt nach dem Tod?« Er antwortet wie selbstverständlich: »Zen glaubt nicht so sehr an die konkrete Wiedergeburt wie der tibetische Buddhismus. Es ist eher so: Wenn du dein Leben lang gelernt hast, im Augenblick zu leben, dann wirst du auch im Angesicht des Todes genau wissen, was du tun musst.«

Wie könnte Ihnen diese Geschichte helfen, Ihr eigenes Anfänger-Mindset zu entwickeln? Ein Weg besteht darin, den Zusammenhang zwischen Reisen und der Zeit zu verstehen. Reisen hilft uns, das Zeitempfinden zu verlangsamen, sonst würde unser Leben gleichförmig blitzschnell dahinfließen. Die Verjüngung und Verstärkung des Zeitgefühls gehört zu den Hauptmotiven, warum Menschen reisen. Die Um- und Neugewöhnungen in Tassajara waren für mich ein Mittel, den Zeitsinn aufzufrischen und mein Lebensgefühl zu erneuern. Die Ordnungsstruktur des Alltags zu verlassen und in eine neue Wirklichkeit einzutreten ist für viele eine Möglichkeit, die Dinge mit neuen Augen zu sehen. Welche Ihrer Reisen hat den Blick auf Ihr Leben verändert?

Sie müssen selbstverständlich nicht nach Tassajara reisen, es gibt auch in Österreich und Deutschland Orte, die einladen, sein Anfänger-Mindset zu entwickeln. Einen jener Orte kann ich persönlich empfehlen. Inmitten der archaischen Landschaft des Waldviertels steht das Seminarhaus »Die Lichtung« in Rastenberg unweit von Zwettl. Die angebotenen Workshops beschäftigen sich mit Yoga, Achtsamkeit, Tanz oder Heilung.[2]

In Deutschland bietet der Benediktushof im unterfränkischen Holzkirchen Meditation, Achtsamkeit, Kontemplation und Zen. Gegründet wurde dieser Kraftort in einem ehemaligen Benediktinerkloster aus dem achten Jahrhundert von dem Benediktiner und Zen-Meister Willigis Jäger (1925–2020). Der überkonfessionelle Ort der Stille unterstützt Menschen dabei, mit christlicher Kontemplation und Zen Zugänge zu ihrer Spiritualität zu finden.

Viele spirituelle Ort schenken uns die notwendige Zeit, um fern des Alltags unsere inneren Bedürfnisse wieder zu spüren und zu nähren. Und zu erkennen, dass unsere Angst, die Welt würde sich ohne uns nicht weiterdrehen, unbegründet ist.

Das Anfänger-Mindset erfordert, dass wir nie ganz erwachsen werden

»Der Lehrer ist da, wenn der Schüler dafür bereit ist«, heißt es im Zen-Buddhismus. Der ewig Lernende ist eben nicht der Durchblicker, Besserwisser oder Fachspezialist. Er bewahrt sich einen Rest an Naivität, um sich überraschen zu lassen von den großen Geschichten der Menschheit und den vielen kleinen Wundern des Alltags. Einige Möglichkeiten, die Sie ausprobieren können, um in Ihrem Alltag an Ihrem Anfänger-Mindset« zu arbeiten:[3]

Lassen Sie sich von Kindern inspirieren

Für ein Kind ist fast alles neu, und es geht mit Staunen und Verwunderung an Situationen heran. Kinder leben ihr Leben nicht auf der Grundlage einer vorgefassten Meinung darüber, wie es sein sollte. Wenn Sie das nächste Mal mit Kindern zusammen sind, achten Sie darauf, wie diese auf die Welt um sich herum reagieren. Kinder sind nie fertig mit dem Lernen. Fangen Sie an, Fragen zu stellen, wie Kinder es tun: Was ist das, warum ist es so, wie funktioniert das? Sobald Sie anfangen, derartige Fragen zu stellen, werden Sie mehr über Themen und Situationen lernen, von denen Sie glauben, dass Sie diese bereits kennen. So hat der Glücksforscher Mihály Csíkszentmihályi den Flow-Effekt entdeckt, indem er zufällig spielende Kinder beobachtete. TikTok-Gründer Alex Zhu sah während einer Zugfahrt Teenagern zu, die ständig Selfies machten und Musik hörten. Diese Erfahrung inspirierte ihn zu der Idee mit TikTok.

Erlauben Sie sich konstruktive Naivität

Wird man älter, schleifen sich Muster und Erwartungen ein, man ist schon so vielen Menschen begegnet, dass man irgendwann glaubt zu wissen, was auf einen zukommt, statt bereit zu sein, sich vom Leben überraschen zu lassen. Junge Menschen verstehen es besser, Situationen weniger voreingenommen zuzulassen, weil sie neue Erfahrungen machen wollen. Ein gewisses Maß an Naivität birgt viel Potenzial für neue Lösungswege, neue Herangehensweisen und neue Sichtwinkel. »Warum ist das Naive schön?«, hat Friedrich Schiller gefragt. »Weil die Natur darin über Künstelei und Verstellung ihre Rechte behauptet.«

Hören Sie alten Menschen zu

Die Popper-Schüler besuchten im Rahmen des »Projekts Sozial« Altersheime mit überwiegend dementen Menschen, was für alle eine fordernde Erfahrung war, ebenso für die Alten, die überhaupt nie Besuch bekamen. Einige von ihnen waren abgestumpft, verärgert und wollten eigentlich nur noch sterben. Eine Mahnung für die Schüler, sich schon heute Gedanken über ihr Leben und ihre letzte Stunde zu machen. Doch es gab hoffnungsvolle Begegnungen, selbst dort, wo Gespräche fast nicht mehr möglich schienen. Für Paula Gokl war es ein besonderes Erlebnis, die Lebensgeschichte einer sehr alten Frau zu hören, die blind und fast taub war und sich in die Sonne gesetzt und die Füße hochgelagert hatte. Trotz ihrer Einschränkungen war sie glücklich, wenn sie die Vöglein noch etwas zwitschern hörte. Sie sei so dankbar, dass sie noch leben dürfe.

Nutzen wir die Chance, mit alten Menschen in den Bilderbüchern ihres Lebens zu blättern, ihre Gipfelsiege und besonderen Augenblicke nochmals zu durchleben, davon für unser eigenes Leben zu lernen. Die älteste und zweifellos größte Universität ist jene des Lebens. Die Lehrenden sind die Großväter und Großmütter. Die Studierenden sind die Jüngeren. Was die Universität des Lebens neben ihrer Größe so einzigartig macht, ist das herrschende Prinzip des Lernens. Denn die Dozierenden, also die ältere Generation, sind gleichzeitig die Lernenden, weil sie von den Jungen mit ihren Fragen immer wieder gefordert sind, ihr Wissen infrage zu stellen, und die Jungen sind immer auch die Forschenden, denn sie stellen die Fragen, wollen Neues entdecken. Die Hörsäle der Universität des Lebens sind die Wohnungen, Häuser, Bauernhöfe, Altenheime genauso wie die Parks, Dorfplätze, Wiesen und Wälder, überall dort, wo Junge auf Alten treffen können.

Langsamer werden

Wenn man weiß, wie man etwas macht, schaltet man leicht um auf seinen Autopiloten. Verlangsamen Sie sich und nehmen Sie sich Zeit, um jeden Aspekt einer Aufgabe neu zu entdecken, anstatt automatisch die gleichen Schritte zu tun. Seien Sie sich bewusst, was Sie tun und was Sie erleben. Ertappen Sie sich dabei, wie Sie sich auf eine bestimmte Art und Weise verhalten, versuchen Sie beim nächsten Mal einen anderen Ansatz. Man weiß nie, was man entdecken könnte. Eine einfache Übung ist, ganz langsam durch einen Wald oder eine Wiese zu gehen und vor jeder Pflanze oder jedem Lebewesen stehen zu bleiben und sie so zu betrachten, als ob es das erste Mal wäre.

Zelebrieren Sie Premieren in Ihrem Leben

Für den Säugling ist alles neu – eine Premiere. Dann tauchen einige dauerhafte Strukturen auf: Hunger, satt, schlafen und wachen, Vater, Mutter, erste Schritte, das Sichselbst-Erkennen im Spiegel, die Begegnung mit anderen Kindern in der Sandkiste. Der Lebensabschnitt ab der Pubertät lässt uns bedeutsame Premieren wie die erste Liebe, den ersten Sex, den ersten Urlaub ohne Eltern, den ersten Job oder die Matura erleben, an die wir uns ein ganzes Leben lang erinnern können. Je älter wir werden, desto herausfordernder wird es, neue Premieren zu schaffen. Den ersten Kuss erlebt man eben nur einmal. Für ältere Menschen könnte der Reiz darin liegen, bestimmte, scheinbar bekannte Dinge durch bewusste Achtsamkeit wiederzuentdecken, wie einen Sonnenaufgang am Meer, das Lachen seiner Enkelkinder oder die verborgene Schönheit der Seele seiner Partnerin. Je mehr Premieren uns gelingen, weil wir bekannte Dinge neu zu sehen lernen, desto bereichernder verläuft unser Leben.

Streichen Sie einen Tag lang das Wort »sollte« aus Ihrem Wortschatz

Was passieren »sollte«, hängt von Ihren vorgefassten Meinungen und Erwartungen ab. Wenn Sie sagen, dass etwas auf eine bestimmte Art und Weise geschehen »sollte«, sind Sie an das Ergebnis gebunden. Gelingt es Ihnen dagegen, sich auf einen offenen Prozess einzulassen, ohne auf ein bestimmtes Ergebnis fixiert zu sein, landen Sie vielleicht sogar bei einem überraschenden besseren Resultat.

Stellen Sie Ihr Ego in den Hintergrund

Sollten Sie Experte auf einem Gebiet sein, möchten Sie wahrscheinlich dafür anerkannt werden. Das ist gut für Ihr Ego, kann aber dazu führen, dass Sie um jeden Preis recht behalten wollen. Der Experte mag eine Menge wissen, aber genau dieses Wissen verengt seine Perspektive und kann ihn daran hindern, neue und bessere Lösungen zu sehen. Ein Anfänger hat fast nie recht und genießt deshalb neue Lernerfahrungen.

Je fortgeschrittener Menschen sind, desto weniger stoßen sie sich am Wort »Anfänger«. »Anfänger-Geist« ist genau jene Einstellung, die uns für die möglichen Abenteuer öffnet, die das Leben für uns bereithält. Wer nicht bereit ist, sein Leben lang immer wieder in die Rolle des Lehrlings mit einem Anfänger-Mindset zu schlüpfen, der wird kein Meister werden. Der spanische Autor von *Der Schatten des Windes*, Carlos Ruiz Zafón, schreibt:

> »*Dies ist nur der Anfang. In zehn Jahren*
> *werde ich der Lehrling sein und Sie der Meister.*«

1 Der Begriff »Mindset« kommt im Buch öfter vor, ist allerdings schwer aus dem Englischen übersetzbar, am ehesten mit Denkweise. Anfänger-Mindset könnte man mit Anfängergeist übersetzen.
2 Persönlich besuche ich gerne die Schweige- und Meditationsklausuren, die Torsten Jung einmal im Jahr anbietet. www.jungconsult.com
3 Blog BetterUp von Maggie Wooll: 5 ways to cultivate a beginner's mind (and stay open to the possibility)

Üben Sie die Kunst des echten Dialogs, statt sich in Diskussionen zu verstricken

»Die heilsame Fiktion des freien Dialogs aufrechtzu-erhalten ist eine letzte Aufgabe von Philosophie.«

Peter Sloterdijk, deutscher Philosoph und Kulturwissenschaftler

Echter Dialog ist sehr selten, Diskussion dagegen häufig. Bei TV-Diskussionen, so mein Eindruck, gehen die Teilnehmer mit vorgefassten Meinungen ins Studio hinein, versuchen mehr oder weniger eloquent, die anderen von ihrem Standpunkt zu überzeugen, und am Ende gehen alle wieder mit genau ihren Meinungen bei der Türe hinaus. Die Aneinanderreihung derartiger Monologe dürfte man eigentlich gar nicht als Diskussionen bezeichnen, selbst wenn sie von verschiedenen Personen geführt werden. Besonders schlimm wird es, wenn der Moderator sich bemüßigt fühlt, selbst die längsten Monologe zu halten. Der Wunsch von Karl Valentin, »Gesegnet seien jene, die nichts zu sagen haben und trotzdem den Mund halten«, geht selten in Erfüllung. Fast alle Diskussionen im Fernsehen sind konfrontativ angelegt, sie unterscheiden sich nur darin, ob das Florett benutzt wird oder ob verbales Schlammcatchen angesagt ist. Dialogische Fernsehformate, in denen die Gesprächspartner einander ausreden lassen, finden, wenn überhaupt, knapp vor Mitternacht statt.

Dieses Phänomen, dass fehlende Tiefe durch ausufernde Länge und Lautstärke ersetzt wird, kennen wir auch von Diskussionen im Familien- oder Freundeskreis, am Wirtshaustisch oder im Kaffeehaus. Sie haben sicher schon erlebt, dass ein guter Freund Ihnen erst liebevoll, dann immer hartnäckiger seine Sicht der Welt erklärt hat und dann enttäuscht war, dass Sie sich nicht überzeugen ließen. Dabei kann es sich um aktuelle Themen wie »Wer ist schuld am Krieg in der Ukraine?«, um ideologische Auseinandersetzungen wie »Dürfen wir stolz auf unsere Nation sein?« oder um banale Fragen wie »In welchem Lokal treffen wir uns heute?« drehen. Im Gegensatz zum Fernsehen können wir in solchen sinnlosen Diskussionen nicht einfach ausschalten, wenn es mühsam wird.

Jede Person schafft sich ihre eigene Realität

Das Wort Diskussion bedeutet vom Wortstamm her »zerlegen« oder »zerschlagen«. In Diskussionen werden oft kleine Ausschnitte des Themas vom Ganzen abgetrennt, um sich in Nebensächlichkeiten und Fragmenten zu verbeißen. Dadurch kommen wir neuen Lösungen nicht nahe und stehen uns oft selbst im Weg. Selbst wenn wir uns bewusst sind, dass jeder alles durch seine eigene Brille sieht, machen wir laufend Annahmen über die Welt und das Leben, und tun uns schwer, zu erkennen, dass diese keine objektiven Tatsachen, sondern eben subjektive Interpretationen sind.

Dialog im Sinne des US-amerikanischen Quantenphysikers und Philosophen David Bohm ist etwas völlig anderes als Diskussion.[1] Dialog erfordert eine Haltung der Offenheit und der achtsamen Wahrnehmung, eben ohne zu bewerten. Die Aufmerksamkeit im Dialog liegt auf der Beobachtung und Mitteilung dessen, was in der Gruppe und mit einem selbst passiert, wenn Interpretationen und Ansichten geäußert werden. Diese Haltung ermöglicht es, die eigenen Annahmen wertfrei infrage zu stellen, anstatt sie bedingungslos zu verteidigen. Dadurch wird der Weg frei für Neues, sowohl individuell wie in Gruppen. Es braucht die eigene Bereitschaft, gespannt zu hören und wahrzunehmen, was Überraschendes passiert und wie es die eigenen Sichtweisen verändert. Bohm betont immer die Notwendigkeit, unter den vielen einzelnen Teilen das Ganze zu sehen. Die Welt ist für ihn wie ein gemeinsamer Haushalt, die großen Probleme entstehen erst durch die Fragmentierung unseres Denkens. Schon lange vor der polarisierenden Diskussion über den Klimawandel argumentierte Bohm gegen die Auffassung, dass der Mensch etwas von der Umwelt Abgetrenntes sei: »Wir sind die Erde, weil unsere gesamte Substanz von der Erde kommt und wir wieder Teil von ihr werden.«[2]

David Bohm, der an der Princeton-Universität mit Albert Einstein zusammenarbeitete und vom indischen Philosophen Jiddu Krishnamurti beeinflusst wurde, hat die Spielregeln für echten Dialog genau formuliert: Ziel des Dialogs ist es, in aller Offenheit ein Thema zu untersuchen, um zu einem vertieften Verständnis der gedanklichen Prozesse zu gelangen, die unser Handeln steuern.

Sollte ein überzeugter Veganer, der auch im Winter nur mit dem Fahrrad fährt, versuchen, den Porschefahrer, der gerne in Gourmetlokalen diniert, davon abzubringen, wird das nicht funktionieren und im Streit enden. Tauschen sie sich über ihre inneren Gefühle darüber aus, was sie reich macht, kann jedoch ein Dialog entstehen, der die Distanz nicht überwindet, aber ein bisschen verkürzt. Vielleicht entdecken die beiden ein Restaurant, das in keinem Gourmetführer steht und wo das Essen jedem von ihnen schmeckt.

Der Quantenphysiker und der Alchemist – ein ungewöhnlicher Dialog

Im Rahmen eines »Waldzell Dialogs« durfte ich ein Gespräch zwischen zwei sehr unterschiedlichen Persönlichkeiten moderieren.[3] Der brasilianische Autor Paulo Coelho und der Quantenphysiker Anton Zeilinger trafen aufeinander, um sich über »Wissenschaft und Spiritualität« auszutauschen.

Im Zentrum des Waldzell Dialogs mit Coelho und Zeilinger stand die Frage, ob die im abendländischen Denken weitverbreitete Auffassung, dass zwischen Wissenschaft und Spiritualität eine tiefe, unüberbrückbare Kluft bestünde, im Antlitz der neuesten wissenschaftlichen Erkenntnisse noch haltbar sei. Ausgangspunkt dieser geistigen Exkursion war das Grundprinzip vieler Weisheitslehren: Wir sind alle untrennbar mit allen belebten und unbelebten Erscheinungen auf der Erde verbunden. Jene Verbundenheit und die damit einhergehende »universelle Verantwortung« galt es wiederzuentdecken. Warum hat dieser Dialog zwischen zwei selbstbewussten Vertretern völlig verschiedener Disziplinen so gut funktioniert?

Zunächst war ich beeindruckt, wie gut sich jeder trotz seiner knappen Zeit auf den anderen vorbereitet hatte. Dann herrschte von Anfang an eine ungebremste Neugier auf die Denkweise des Gesprächspartners. Beide fragten immer wieder nach, versuchten Gemeinsamkeiten zu erkunden und Neues zu entdecken. Um diesen faszinierenden Prozess zu unterstützen, leitete ich Fragen aus dem Publikum immer an denjenigen weiter, der offenbar nicht gemeint war. So richtete ich die Frage über die Existenz von Engeln nicht an den Esoteriker Coelho, sondern an den Physiker Zeilinger weiter, der eine verblüffende Antwort aus quantentheoretischer Sicht gab. Wir Teilnehmer wurden an jenem Abend Zeugen, wie sich ein Gespräch zum grenzüberschreitenden Dialog, einem freien Fluss von Bedeutungen entwickelte.

Diese vier dialogischen Kompetenzen können Sie lernen

Als Physiker argumentierte Bohm, dass Dialog nicht nur eine persönliche Haltung sei, sondern sehr wohl auf naturwissenschaftlichen Erkenntnissen der Quantenforschung beruhe. Realität sei eben mehr als das, was wir bisher sehen und messen können. In seinem Buch *Der Dialog: Das offene Gespräch am Ende der Diskussionen* wechselt Bohm oft die Perspektiven zwischen Naturwissenschaft und Philosophie und eröffnet so eine ganzheitliche Vision für die Menschheit. Doch wie können wir dieses Konzept in unserem eigenen Leben praktisch anwenden, um von der Diskussion zum Dialog zu kommen?

Ausgehend von Bohms Philosophie hat William Isaacs vom *Massachusetts Institute of Technology* (MIT) vier dialogische Kompetenzen definiert, die ermöglichen, unsere Haltung in Gesprächen zu verändern.[4]

1. Zuhören: Wir können nicht nur anderen, sondern uns selbst zuhören und unsere Widerstände wahrnehmen, ohne darauf sofort zu reagieren.

Die Qualität des Zuhörens ist entscheidend für das Gesprächsergebnis. Das bedeutet, über unser eigenes Netz von Gedanken und Annahmen hinaus zu hören, indem wir innerlich still werden. Anstatt das Gesagte in unsere bereits bestehenden Denkschubladen einzuordnen und von dort aus zu reagieren, geht es darum, einander im Hier und Jetzt des gesprochenen Wortes wahrzunehmen. Die Intention des achtsamen Wahrnehmens führt zu einer tieferen Erkenntnis des Selbst und des anderen und schafft eine neue Basis für das Gespräch. Erst wenn wir zuhören, ohne uns in eigenen Gedanken und Gefühlen zu verfangen, kann Raum für Verständigung und Neues entstehen. Für Bohm gibt es über die Ebene des individuellen Zuhörens hinaus noch eine weitere – die des Hinhörens auf das Ganze. Was will die Gruppe, von der ich ein Teil bin, als Ganzes zum Ausdruck bringen?

2. *Respektieren: Wir können die Position des anderen anerkennen,*
statt Menschen mit unterschiedlichem Standpunkt überzeugen zu
wollen.

Wenn wir etwas respektieren, nehmen wir das, was auf den
ersten Blick offensichtlich ist, nicht als endgültige Informa-
tion an. Wir schauen erneut hin und berücksichtigen das,
was sich auf den zweiten oder erst auf den dritten Blick entfaltet. Es bedeutet anzuerkennen, dass wir komplexe Wesen
mit vielen unterschiedlichen Facetten sind und in diesem
Sinne nie völlig verstanden werden können. Anstatt das
Gegenüber in die gewohnten Kategorien einzuordnen, sind
wir gefordert, andere neu und anders zu sehen. So wird auch
der Dialog zwischen unterschiedlichen politischen Meinungen möglich, wie Laurenz Frenzel aus St. Afra erzählt:
»Meine gesamte Etage im Internat ist Mitglied bei den Jungen Liberalen der FDP. Das heißt, ich lebe in der größten
Blase, die man im Freundeskreis haben kann. Auf einem
überparteilichen Seminar habe ich dann jemanden von der
Grünen Jugend getroffen. Wir haben gelernt, eine respekt-
volle persönliche Beziehung aufzubauen. Das hat uns ermöglicht, auf Augenhöhe zu diskutieren, uns in die andere
Person und deren Werthaltung hineinzuversetzen und genau zuzuhören. Heute ist er einer meiner besten Freunde.
Ich glaube, in einem gewissen demokratischen Rahmen hat
jeder in irgendeiner Weise recht oder gute Argumente.«

Elternsprechtage sind oft dialogfreie Zonen. Es bilden sich
lange Schlangen von Eltern, die teilweise bis zu einer Stunde am Gang ohne Sitzmöglichkeit vor dem Lehrer anstehen

müssen, der die meisten »Nicht genügend« verteilt. Hat es eine Mutter oder ein Vater endlich ins Zimmer geschafft, findet der Lehrer ziemlich genau drei Minuten Zeit, um das Versagen des Sprösslings zu erläutern. Den Eltern bleiben zwei Minuten, um ihr Kind zu verteidigen. Sie kehren heim, um dem Schüler zu erklären, was der Lehrer ihnen berichtet hat, was ihr Kind wiederum erbost abstreitet. Reformschulen wie die von Montessori beweisen seit hundert Jahren, dass es auch anders möglich wäre. Dort gehen die Schüler selbstverständlich mit zum Elternsprechtag, schließlich geht es um sie. Die Schüler präsentieren Arbeiten und dann diskutieren Eltern und Lehrer gemeinsam über Fortschritte und Verbesserungsmöglichkeiten. An immer mehr öffentlichen Schulen werden erfreulicherweise ebenfalls aus Elternsprechtagen Zuhörtage. Dadurch können sich Schulen zu einem Testgelände für eine neue Form des respektvollen Umgangs entwickeln. Wertschätzende Schüler-Eltern-Lehrergespräche anstelle von klassischen Elternsprechtagen erfordern deutlich mehr Zeit als die üblichen fünf bis sechs Minuten pro Schüler. Zeit, die es wert ist. Eltern und Schüler könnten in einem strengen Lehrer den Meister seines Fachs erkennen oder in einem anderen Lehrer dessen natürliche Gabe, das Beste in jedem Schüler zu erkennen. Schüler würden sich gehört und gesehen fühlen, verstehen, wie sehr sich alle um ihr Wohlergehen kümmern.

3. Wir können unsere Annahmen, Sicherheiten und Urteile in der Schwebe halten, die Richtung unseres Denkens ändern, um die Dinge mit neuen Augen zu sehen.

Ein wichtiger Aspekt von Bohms Forschung war das Konzept des »suspendierten Urteils«. Konkret bedeutet das, Urteile und Bewertungen vorübergehend auszusetzen. Indem wir unsere vorgefassten Meinungen beiseitelegen, können wir offen für neue Einsichten und Perspektiven sein und eine Atmosphäre schaffen, die den Dialog fördert. Sobald wir in einem Gespräch nur auf die offensichtlichen Fragen eingehen, vergeben wir uns die Chance, auf einer tieferen Ebene zu sprechen und verstricken uns in fruchtlose Diskussionen. Halten wir dagegen unsere reflexartigen Reaktionen in der Schwebe, werden andere Fragen möglich. Wir beginnen zu erkennen, was fehlt oder was das Weiterkommen behindert. Eine tieferliegende Ordnung wird sichtbar, aus der heraus wir anders denken können. Es auszuhalten, dass nicht sofort Entscheidungen getroffen werden, in welche Richtung etwas gehen soll oder wer recht hat, ist eine Fähigkeit, die den Dialog zwischen Jung und Alt wesentlich erleichtern würde. Julian Bridi: »Alte und Junge fokussieren sich auf jene fünf Prozent, die dann oft unterschiedlich sind, statt das gemeinsame Ganze zu erkennen. In Wirklichkeit will die junge Generation zu 95 Prozent dasselbe wie die ältere, es scheitert aber oft an der Fähigkeit, sich auf einen echten Dialog einzulassen.«

4. Sich authentisch selbst einbringen: Wir können mit unserer eigenen Stimme sprechen und dafür unser Bedürfnis, zu dominieren, überwinden.

Es geht darum, sich als ganzer Mensch mit seinen Sehnsüchten und Ängsten einzubringen und nicht, wie gewohnt, Teile unserer eigenen Wahrheit zurückzuhalten. Die innere Selbstzensur zu überwinden ist in sich selbst eine dialogische Übung, denn auch die Selbstzensur ist Ergebnis unhinterfragter Annahmen und Begrenzungen. Stattdessen gilt es, Vertrauen in Stille zu entwickeln, verbunden mit dem Mut, in die Leere mit etwas hineinzugehen, das noch nicht zu Ende gedacht ist oder der herrschenden Meinung widerspricht. Wie in einer Jazzband, wo die Führung ständig wechselt und man Themen aufgreift und variiert, kann so Neues erschaffen werden. Unvergesslich bleibt mir die Ankündigung Rick Jarovs, Leiter eines Kreativitätsworkshops in Esalen:[5] »In den nächsten fünf Tagen werden wir gemeinsam am Nichts arbeiten.« Wie alle anderen war ich irritiert, bis wir dann irgendwann verstanden, dass die Leere am Anfang notwendig war, um gemeinsam etwas entstehen zu lassen, das über das uns Bekannte hinausreichte.

Diese vier dialogischen Fähigkeiten sind nur aus Gründen der Verständlichkeit getrennt beschrieben. Sie entfalten ihre Wirkung erst im Zusammenspiel und verstärken sich wechselseitig.

In konfrontativen Diskussionen hat jeder für jedes komplexe Problem eine einfache Antwort. Und die ist fast immer falsch. Bohm verstand den Dialog als einen Weg, um genau diese Barrieren der Kommunikation zu überwinden. In seinem Ursprung hat Dialog mit der gemeinsamen Suche nach Sinn und Erkenntnis zu tun – und das ist es, was unsere gespaltene Welt dringend bräuchte. Darauf hoffte David Bohm:

> *»Und wenn wir in der Lage sind, alle Ansichten gleichermaßen zu betrachten, werden wir vielleicht fähig, uns auf kreative Weise in eine neue Richtung zu bewegen.«*

1 David Bohm: *Der Dialog: Das offene Gespräch am Ende der Diskussionen*. Klett-Cotta. 2002.
2 David Bohm spricht über Ganzheit und Fragmentierung im Philosophie-Kanal auf YouTube.
3 Der Name »Waldzell« ist ein fiktiver Ort in Herman Hesses berühmtem Roman *Das Glasperlenspiel*. »Waldzell« diente als Metapher für die Meetings und Dialoge, die in den Jahren 2004 bis 2008 im Stift Melk stattfanden.
4 Quellen: Spectrum MIT: *The Art of Dialogue*. Dialogue expert William Isaacs says that problems between people often stem from an inability to conduct a successful dialogue. Winter 2001; Organic Strategies: *4 Kompetenzen für eine Dialogkultur in Unternehmen*. www.organicstrategies.de
5 Das Esalen Institute liegt in Big Sur in Kalifornien. *www.esalen.org*

Haltungen: Unser Verhalten und Engagement

Seien Sie book smart –
aber auch street smart

Stellen Sie sich vor, Sie planen eine Urlaubsreise in ein mittelamerikanisches Land, in dem Sie noch nie zuvor gewesen sind. Sie studieren vorab die Wettervorhersage für das Reisedatum, recherchieren Sehenswürdigkeiten im Internet, checken Übernachtungsmöglichkeiten auf Vergleichsplattformen, um die mit dem besten Preis-Leistungsverhältnis zu buchen, planen genau die Tagesetappen mit Pausen an den interessantesten Orten, kaufen präzise Straßenkarten als Back-up, sollte das Navi Ihres Leihwagens ausfallen, schließen eine Reiseversicherung ab und prüfen alle diese Informationen nochmals vor dem Reisebeginn.

Am Zielflughafen angekommen, übernehmen Sie Ihren Leihwagen und freuen sich auf spannende Tage in dem für Sie vielversprechenden Land. Nachdem Sie die Stadt verlassen haben, gibt das Navi im Leihwagen plötzlich den Geist auf und lässt sich auch nicht mehr hochfahren. Sie greifen also zur Straßenkarte und sehen sich nach kurzer Fahrt auf der Hauptstraße plötzlich in einem kilometerlangen Stau wegen einer Baustelle. Die Umleitung führt Sie auf abgelegene Landstraßen mit einer Vielzahl von Kreuzungen ohne Richtungsschilder. Sie verlieren irgendwann völlig die Orientierung und landen auf Schotterstraßen, die durch kleine Dörfer führen. Vor jedem Dorf gibt es hohe Schwellen, die den Fahrer offenbar zwingen sollen, seine Geschwindigkeit fast bis zum Stillstand zu reduzieren. Das nutzen die Dorfkinder, um sich bettelnd an die Autotüren zu klammern. Vor jedem Dorf werden Sie nervöser, weil Sie die Geschwindigkeit genau abwägen müssen, um ja nie ganz stehen zu bleiben und von den Kindern umringt zu werden und dabei keines zu verletzen. Genau das passiert plötzlich. Ein Kind, das sich an die Fahrertür geklammert hat, fällt nieder und schreit laut. Die anderen Kinder blockieren Ihren Wagen an der Weiterfahrt. Sie müssen jetzt schnell entscheiden, entweder zu versuchen, aus dem Dorf zu entkommen, in der festen Überzeugung, dass das »verletzte« Kind nur simuliert, oder auszusteigen und sich der Situation zu stellen. Die Entscheidung wird Ihnen abgenommen, weil die ersten Erwachsenen eintreffen und Sie wild beschimpfen. Sie haben zwar in der Schule ein bisschen Spanisch gelernt, verstehen aber in dem Trubel kein Wort. In der Zwischenzeit ist es dunkel geworden. Sollen Sie verhandeln und die Leute einfach mit Geld besänftigen? Doch wie viel werden die verlangen, und wäre das nicht ein Schuldeingeständnis? Was ist, wenn die Leute behaupten, das Kind sei schwer verletzt und unmäßige Forderungen stellen? Sollen Sie selbst die Polizei rufen, die in dem Land keinen guten Ruf genießt? Jetzt wäre street smartness gefragt. Was tun Sie?

Versetzen Sie sich nun in einen anderen Persönlichkeitstyp: Sie buchen bei einer Reise in eine Ihnen neue Stadt grundsätzlich nur den Hinflug und lassen das Rückreisedatum offen. Reisen ist für Sie stets ein Abenteuer, auf das Sie sich ohne Erwartungen einlassen. Aus Erfahrung wissen Sie, dass Sie entweder schon im Flugzeug oder spätestens nach der Ankunft am Terminal jemanden kennenlernen, der Ihnen Empfehlungen für Übernachtungsmöglichkeiten und Geheimtipps fern der Touristenpfade gibt. Sie haben daher auch keinen Leihwagen gebucht, weil Sie den Bus, mit dem meist Einheimische vom Flughafen in die Stadt fahren, bevorzugen. Sie stellen allerdings fest, dass der Bus hoffnungslos überfüllt und nicht klar ist, ob und wann der nächste kommt. Ein freundlicher Einheimischer spricht Sie an und bietet Ihnen an, Sie in ein sehr günstiges, schönes Hotel in der Stadt zu bringen. Der Kosmos hat es wieder einmal gut mit Ihnen gemeint und Sie steigen gut gelaunt in dessen Wagen ein, der die besten Jahre schon lange hinter sich gelassen hat. Ihre Euphorie lässt etwas nach, als sich das »Hotel« als völlig überteuertes Rattenloch in einer abgelegenen Gegend fern des Zentrums erweist. Als Sie sich weigern, dort abzusteigen, entpuppt sich der freundliche Einheimische auf einmal als aggressiver Halsabschneider, der einen absurd hohen Preis für den Transport verlangt und Sie als typisch undankbaren reichen Touristen beschimpft. So stehen Sie irgendwo im Nirgendwo mit Ihrem Gepäck. Das beunruhigt Sie aber keineswegs, da haben Sie als erfahrener Weltreisender schon schwierigere Situationen gemeistert. Dank Google Maps finden Sie die nächste Bushaltestelle in fünf Kilometer Entfernung und nach knapp zwei Stunden Wartezeit kommt dort tatsächlich ein Bus. Immerhin können Sie sich in fast jeder Sprache mit Händen und Füßen verständigen und fragen die Mitreisenden nach einem günstigen Quartier. Alle reagieren freundlich, aber lachen herzhaft. Heute und morgen sei der große Umzug zu Ehren der Heiligen Muttergottes, zu dem Hunderttausende Menschen kommen. Vom Luxushotel bis zu den Airbnb-Wohnungen sei alles seit Wochen ausgebucht. Langsam wird Ihnen klar, dass es wohl doch smarter gewesen wäre, sich vor Ihrer Reise ein bisschen über die Stadt Ihrer Wahl zu erkundigen und die Reise entweder an einem anderen Tag zu starten oder zumindest rechtzeitig vor dem größten Fest des Jahres ein Quartier zu buchen. Etwas weniger Spontanität und mehr Planung wären wohl smarter gewesen. Doch was machen Sie jetzt?

Straßenkämpfer oder Elfenbeinturmbewohner?

Beide Geschichten sind zwar gekürzt, aber nicht frei erfunden. Die beschriebenen Herausforderungen verlangen unterschiedliche Fähigkeiten, um sie zu bewältigen. Die Begriffe street smart versus book smart sind in meinen Interviews mit den Popper-Schülern und Afranern mehrmals von diesen verwendet worden. Das verleitet zu einer einfachen, plakativen Zuordnung: Hier die mit allen Wassern gewaschenen Straßenkämpfer, dort die mit Theorie vollgestopften Elfenbeinturmbewohner.

Street smart, das wären zum Beispiel die Straßenkinder in den Favelas in Brasilien. Sie müssen früh lernen, die eigenen sowie die Stärken und Schwächen anderer intuitiv schnell beurteilen zu können, wollen sie in ihrem gefährlichen Umfeld überleben. Sie beherrschen aber auch die für ihren Alltag notwendigen mathematischen Grundkenntnisse, obwohl sie nur unregelmäßig oder nie eine Schule besucht haben. Sie haben sich diese Fähigkeiten gegenseitig mit einfachen Rechentricks beigebracht, die in keiner Schule so unterrichtet werden.

Book smart, das trifft auf Menschen zu, die über ein umfangreiches theoretisches Wissen verfügen, das ihnen von ihren Lehrern vermittelt wurde, und das sie in Büchern und im Internet selbst erworben haben.

So weit, so falsch. Denn fragt man die Schüler, wie sie sich in Situationen fern des geschützten Klassenraums als ehrenamtliche Rettungssanitäter oder als Grundwehrdiener im Bundesheer bewährt haben, zeigt sich, dass sie diese erstaunlich gut bewältigt haben. Offenbar sind sie book smart, aber auch street smart.

Vereinfacht kann man sagen, street smart heißt Lernen primär aus eigenen Erfahrungen, um die für das Überleben notwendigen sozialen und emotionalen Fähigkeiten zu erwerben. Das Ziel besteht darin, praktisches Wissen zu erlangen, um Dinge schnell entscheiden und erledigen zu können. Daher sind street smarte Menschen meist Generalisten, die viele Dinge auf einem laienhaften Niveau beherrschen, dieses aber nicht ausbauen können, weil sie die dahinterliegenden Gesetzmäßigkeiten nicht kennen. Ihre Lernkurve ist flach, weil sie wenig Zugang zu Wissen außerhalb ihres Erfahrungshorizonts haben. Sie sind bereit, hohe Risiken einzugehen, da sie die Konsequenzen ihrer Handlungen oft nicht abschätzen können. In einem strukturierten Umfeld mit klaren Regeln fühlen sie sich unwohl, weil das ihr intuitives Agieren einschränkt. Eine große Stärke street smarter Menschen ist ihre hohe Improvisationsgabe in überraschenden Situationen, ihre Reaktionen sind zwar oft nicht die besten, aber jedenfalls die schnellsten.

Book smarte Menschen interessieren sich für das »Warum?«, die tieferen Ursachen von Problemen. Sie nutzen wissenschaftliche Erkenntnisse und Erfahrungen von Experten, damit ihre eigene Lernkurve schnell ansteigt. Sie spielen mit ihren Ideen und können sich in theoretische Konzepte vertiefen, auf deren Basis sie Entscheidungen treffen, was allerding lange, manchmal zu lange dauern kann, weil sie sich in ihre Analysen verstricken, anstatt ins Handeln zu kommen. Im Management nennt man dieses Syndrom »Paralyse durch Analyse«. Book smarte Menschen fühlen sich in einer klar strukturierten Umgebung wohl, versuchen unkalkulierbare Risiken zu vermeiden, weil sie von ungeplanten Situationen schnell überfordert sind. Prinzipiell lernen sie lieber aus den Fehlern anderer, als diese selbst zu machen.

Großes theoretisches Wissen, das sich nicht auf das reale Leben anwenden lässt, ist nutzlos. Schwimmen lernt man im Wasser und nicht im Physiksaal. Wer allerdings nur auf die begrenzten eigenen Erfahrungen vertraut, übergeordnete Prinzipien nicht versteht, der wird sich schnell in Denkfallen wiederfinden und bessere Handlungsalternativen nicht erkennen. Wer nur den Brustschwimmstil kennt, wird sich im offenen Meer, wo Kraulen effizienter ist, schwertun. Wer neue Software-Programme auf seinem Computer immer nur mit Ausprobieren erkundet, der wird viele hilfreiche Anwendungen nicht kennen und ineffizient arbeiten.

Die meisten Menschen antworten auf die Frage, welche Fähigkeit – street smart oder book smart – in einer unsicheren Zukunft wichtiger sein wird, mit »street smart«. Lina Reiter sieht das so: »Ich glaube, dass street smartness oft unterschätzt wird. Ich habe die beiden Begriffe book und street smart zum ersten Mal in einem Gespräch mit Freunden gehört, wo wir uns gefragt haben, wer eigentlich die intelligentesten Menschen aus unserem Jahrgang sind. Meine Interpretation war sofort, dass book smartness gemeint ist, und ich nannte einige Namen. Dann wies mich eine Freundin darauf hin, dass genau die Leute, die ich genannt hatte, zwar in der book smartness andere weit übertreffen, aber überhaupt nicht street smart sind. Ich habe dort zum ersten Mal darüber nachgedacht, was eigentlich wichtiger ist und wie falsch wir, oder ich, Intelligenz überhaupt definieren. Für mich vereint Intelligenz die beiden Begriffe book und street smart. Am geeignetsten für die Zukunft sind wohl diejenigen, die diese beiden Fähigkeiten im Gleichgewicht halten.«

Welcher Typus ist bei Ihnen stärker ausgeprägt?

Auf der Website *www.psychmechanics.com/tests/street-smart-vs-book-smart-quiz/* können Sie einen Test machen.[1] Die meisten von uns wissen aber auch ohne Test ziemlich genau, welche Eigenschaft bei ihnen besser ausgebildet ist. Bei Unsicherheit, ob man sich eher der Kategorie street smart oder book smart zurechnen soll, hilft es sich vorzustellen, wie man in ein fremdes Gebiet reisen würde. Es spricht einiges dafür, dass wir so, wie wir uns unbekannte Gebiete erschließen, auch durch unser Leben gehen. Daher die beiden Geschichten zum Einstieg.

Wir brauchen beides: book smart, um vom gesammelten Wissen anderer zu profitieren, und street smart, um dieses dann auch auf überraschende Lebenssituationen anwenden zu können. Wir können jene Fähigkeit, über die wir weniger verfügen, stärken, indem wir uns zum Beispiel Buddys suchen, die über die komplementäre Kompetenz verfügen. Die Gegensätze unterschiedlicher Charaktere und komplementärer Fähigkeiten sind der Stoff, aus dem viele erfolgreiche Filme geschaffen wurden. Im Kopf von Kinofreunden entstehen sofort Bilder, sobald sie folgende Namen lesen: Stan Laurel und Oliver Hardy, Jack Lemmon und Walter Matthau, Bud Spencer und Terence Hill, Pierre Richard und Gérard Depardieu, Mel Gibson und Danny Glover oder Susan Sarandon und Geena Davis. Die Filme folgen stets dem gleichen Muster: Zwei konträre Typen, die sich oft gar nicht mögen, werden durch äußere Umstände gezwungen, schwierige Herausforderungen im Teamwork zu lösen.

Anzustreben wären folgende Kombinationen:

Book smart	=	eigenes Wissen plus die street smartness anderer
Street smart	=	eigene Erfahrungen plus die Lernerfahrungen anderer

Fazit: Street smartness ist für die meisten schwerer zu erlangen als book smartness. Unterschätzen wir gerade deshalb nicht die Bedeutung von Wissen. Denn aus den eigenen Fehlern zu lernen ist zwar lehrreich, aber oft schmerzhaft, daher ist es hilfreicher, aus den Fehlern anderer zu lernen. Außerdem werden Sie nicht lange genug leben, um alle Fehler machen zu können, die Milliarden von Menschen vor ihnen begangen haben.

> *»Ein Blick auf ein Buch und man hört die Stimme einer anderen Person, vielleicht jemand, der seit tausend Jahren tot ist. Lesen ist eine Reise durch die Zeit.«*

Carl Sagan

---

1 Hanan Parvez: *Street smart vs. book smart: 12 Differences.* PsychMechanics Oktober 2022. Auf der Website www.psychmechanics.com/tests/street-smart-vs-book-smart-quiz/ können Sie auch einen Test machen.

Diese vier Zukunftsfähigkeiten sollten Sie und Ihre Kinder unbedingt beherrschen

An der Stanford-Universität gibt es einen Lehrgang Unternehmertum.[1] In einem Modul werden Studierende in kleine Gruppen eingeteilt. Sie erhalten zehn US-Dollar und den Auftrag, diese Summe innerhalb von drei Tagen zu maximieren. Eine Aufgabenstellung, die nicht primär mit finanzmathematischem Wissen oder book smartness[2] gelöst werden kann. Wie würden Sie diese Aufgabe angehen? Ist es möglich, die zehn Dollar in drei Tagen, auf legalem Weg, zu verhundertfachen? Welche unterschiedlichen Fähigkeiten sind Ihrer Meinung nach dazu notwendig?

Hier drei Beispiele für inspirierende Lösungswege, welche die Studenten gefunden haben:

Gruppe A: Der Campus der Stanford-Universität umfasst 3.310 Hektar, das entspricht ungefähr der Fläche von 4.600 Fußballfeldern. Daher ist das Fahrrad für viele Studierende und Lehrende das wichtigste Fortbewegungsmittel. Gruppe A kaufte um die zehn Dollar eine Fahrradpumpe mit einem integrierten Reifendruckmessgerät. Dann warteten die Studenten drei Tage lang abwechselnd vor jeweils einem der zahlreichen Fahrradabstellplätze. Sie machten den Ankommenden ein Angebot: »Guten Tag. Wir wollen kostenlos den Reifendruck deines Fahrrads messen. Du weißt sicher, wie wichtig dieser ist. Sollte der Reifendruck zu gering sein, pumpen wir den Reifen entsprechend auf und bitten dich, uns dafür fünf Dollar zu zahlen.« Viele der Angesprochenen dachten sich, dass sie das ohnehin schon lange vorgehabt hatten, und fünf Dollar waren höchstens ein Trinkgeld. Im Laufe der drei Tage realisierte Gruppe A einen Gewinn von mehreren hundert Dollar.

Gruppe B: Stanford liegt in der Nähe von Palo Alto, einem der Zentren des Silicon Valley. Am Abend bilden sich dort vor den angesagten Restaurants lange Warteschlangen, weil die meisten keine Reservierungen annehmen. Die Mitglieder der Gruppe B stellten sich bei unterschiedlichen Restaurants an. Ehe sie an die Reihe kamen, fragten sie gerade ankommende Gäste, ob diese bereit wären, ihnen ihren Platz in der Schlage für 15 Dollar abzukaufen. Natürlich verlangte es ein gewisses Maß an Menschenkenntnis, um genau die richtigen Gäste, meist Pärchen, die nicht warten wollten, anzusprechen. Dieses Gespür verbesserten die Studenten der Gruppe B ständig, sodass sie am dritten Tag nur mehr wenige ablehnende Antworten erhielten. In Summe erzielte Gruppe B einen Gewinn von 600 Dollar.

Gruppe C: Diese dachte lange darüber nach, was denn eigentlich der tatsächliche Wert war, den sie maximieren konnten. Die zehn Dollar waren es offenbar nicht, denn sie eigneten sich weder für Wetten noch für Spekulationen. Nach intensiver Diskussion kam die Gruppe zu dem Schluss, dass der wahre »Schatz«, über den sie verfügte, die drei Minuten Zeit waren, in denen jede Gruppe ihre

Lösung vor den versammelten Studenten und Professoren präsentieren durfte. Diesen Schatz galt es an den Maximalbieter zu verkaufen. Sie kontaktierten Unternehmen im Silicon Valley, von denen sie annahmen, dass sie hochqualifizierte Stanford-Absolventen suchten. Den Unternehmen machten sie ein einfaches Angebot, nachdem sie sich vorgestellt hatten: »Wie viel wäre es Ihnen wert, wenn Sie Ihr Unternehmen exklusiv drei Minuten vor Stanford-Studenten und -Professoren präsentieren könnten?« Es erforderte natürlich Hartnäckigkeit und Geschicklichkeit, um an die Kontaktdaten von Entscheidungsträgern zu kommen, denn die meisten Unternehmen im Silicon Valley schreiben auf ihre Website weder eine E-Mail-Adresse noch eine Telefonnummer. Die Mühe lohnte sich. Gruppe C fand ein Unternehmen, das ihnen für die drei Minuten Präsentationszeit in ihrem Kurs tausend Dollar zahlte. Es war ihnen somit gelungen, ihr Startbudget von zehn Dollar innerhalb von drei Tagen zu verhundertfachen.

Natürlich geht es im realen Leben nicht darum, zehn Dollar zu maximieren, sehr wohl aber um die Fähigkeit, in einem Team zusammenzuarbeiten und zu kommunizieren, um durch kritisches Denken mit etablierten Denkmustern zu brechen und kreative Lösungen für das Problem zu finden.

In Zukunft werden Menschen nicht mehr für ihr Wissen, sondern für das, was sie mit ihrem Wissen anfangen können, belohnt werden

Dafür sollten wir zusätzlich zu den Kulturtechniken jedenfalls über ein breites Spektrum an Fähigkeiten verfügen, um auch lange nachdem wir die Schule absolviert haben, ein selbstbestimmtes und sinnerfülltes Leben meistern zu können. Die dafür notwendigen Kompetenzen sind im Modell der 21st Century Skills erfasst, das die wesentlichen Zukunftsfähigkeiten praxisnah beschreibt. Der Ursprung dieses Modells geht auf die US-amerikanische Non-Profit-Organisation *Partnership for 21st Century Learning* (P21) zurück. Im Rahmen jener Organisation haben Bildungswissenschaftler und Wirtschaftsfachleute gemeinsam mit Experten der OECD vier Kompetenzen definiert, die für das Arbeitsumfeld des 21. Jahrhunderts essenziell sind:

Kommunikation: Virtuelle und persönliche Kommunikation sowie kompetenter Umgang mit Medien, Technologien, Informationen und Daten. Während es in der Bildung schon immer um die Grundlagen guter Kommunikation ging – korrektes Sprechen, flüssiges Lesen und klares Schreiben –, erfordern die digitalen Werkzeuge und die Anforderungen unserer Zeit ein vielfältigeres und tieferes persönliches Portfolio an Kommunikations- und Kooperationsfähigkeiten.

Kollaboration: Teamfähigkeit und Zusammenarbeit vor dem Hintergrund von Diversität, etwa Interdisziplinarität, Interkulturalität und Alter. Das bedeutet die Nutzung von unterschiedlichen Talenten, Wissensgebieten und Erfahrungen, um effektiv und respektvoll für gemeinsame Ziele zu arbeiten. Dafür ist es notwendig, die Verantwortung für gemeinschaftliche Arbeiten zu teilen und die individuellen Beiträge der einzelnen Gruppenmitglieder wertzuschätzen.

Kreativität: Unser gegenwärtiges Wissenszeitalter geht in ein Innovationszeitalter über, in dem die Fähigkeit, Probleme auf neue Weise zu lösen (wie die Ökologisierung der Energienutzung), das Potenzial von Technologien besser zu nutzen (wie die Bio- und Nanotechnologie), die Anwendung bestehender Technologien zu revolutionieren (wie effiziente und erschwingliche Elektroautos und Solarzellen) oder völlig neue Industrien (wie die Künstliche Intelligenz) zu erschaffen, bedeutsam werden. Dafür ist es erforderlich, eigene Ideen beurteilen, analysieren, ausarbeiten, spezifizieren und verbessern zu können; neuen Ideen offen gegenüberzustehen; Inputs und diverse Perspektiven anderer einzubeziehen.

Kritisches Denken: Lange Zeit galt die These, Wissen erst theoretisch zu vermitteln, um es dann anzuwenden. Jüngste Forschungen auf dem Gebiet der Kognition haben gezeigt, dass die praktische Ausübung von Fähigkeiten wie kritisches Denken, Problemlösung und Kreativität gleich während des Lernprozesses die Motivation steigert und die Lernergebnisse verbessert. Kritisches Denken erfordert, Probleme aus neuen Blickwinkeln zu betrachten und durch innovative Ansätze zu lösen, Behauptungen, Beweise, Argumente und Meinungen effektiv analysieren sowie alternative Standpunkte beurteilen zu können. Ohne Übertreibung ist kritisches Denken mit Hinblick auf das ungeheure Manipulationspotenzial von Künstlicher Intelligenz (KI) die wahrscheinlich wichtigste Zukunftsfähigkeit für alle Menschen unabhängig von ihrem Alter. Denn während es bei der Suche nach Antworten mit Google noch immer notwendig ist, zwischen vorgeschlagenen Links zu wählen und die Ergebnisse selbst zu bewerten, erhält man mit KI auch auf komplexe Fragen sekundenschnell eine einzige wohlformulierte Antwort, ohne weiter nachdenken zu müssen. Verkümmern unser Wille und unsere Kompetenz, jene Antworten mit anderen Quellen zu überprüfen, wird unsere Lernfähigkeit generell darunter leiden.

Die Trennung in diese vier Kategorien ist eine rein analytische, in der Realität bedingen und verstärken einander die vier Kompetenzen wechselseitig. Sie dürfen nicht wie die isolierten Fächer in der Schule gesehen und gelehrt werden, sondern sie erfordern eine Erweiterung des Bewusstseins und eine Sensibilisierung der eigenen Wahrnehmung. In der Fallstudie am Beginn des Kapitels mit der Aufgabe, zehn Dollar zu maximieren, arbeiten die Gruppen ständig auf allen Ebenen der vier Kompetenzen, um innovative Lösungen zu finden. Für den Fall, dass Sie privat eine Reise, ein größeres Fest oder beruflich ein komplexes Projekt planen, sind Kommunikation, Kooperation, Kreativität sowie kritisches Denken notwendig, um Ihre Ziele zu erreichen. Die Vernachlässigung einer einzigen dieser Kompetenzen kann dagegen den besten Plan gefährden.

Kritisches Denken und Problemlösungsfähigkeit werden von vielen als die neuen Grundlagen des Lernens im 21. Jahrhundert angesehen. Der Genetiker Markus Hengstschläger beschreibt in seinem Buch *Die Lösungsbegabung: Gene sind nur unser Werkzeug. Die Nuss knacken wir selbst!*[3] praxisnah, warum Lösungsbegabung für ihn eines der größten Potenziale des Menschen ist. Für Hengstschläger besteht ein wesentlicher Teil der 21st Century Skills in ungerichteten Kompetenzen im Gegensatz zu gerichtetem Wissen, wie zum Beispiel bereits existierende mathematische Formeln. »Gerichtetes Wissen ist unverzichtbar. Aber nur in Kombination mit der Förderung von ungerichteter Kompetenz kann einem Land der Schritt zum Innovation-Leader gelingen.« Unter ungerichteten Strategien versteht er Lösungsfindungsprozesse für noch unbekannte Herausforderungen. Hengstschläger geht es nicht nur um wirtschaftliche oder technologische, sondern auch um künstlerische, soziale, medizinische oder landwirtschaftliche Innovationen.

Lernen für die Zukunft heißt, sich richtig aufzustellen für das, was als Nächstes kommt – nicht für das, was gerade »in« ist. Daraus folgt: Hören Sie nicht auf falsche Propheten.

Ihre Kinder werden weder Programmieren noch Mandarin können müssen

»Aus Spaß habe ich einen Fremdsprachentrainer programmiert, in den ich einfach Vokabeln eingebe, und er sagt mir, ob meinen Antworten richtig oder falsch sind, und macht dann sogar Verbesserungsvorschläge. Ich habe mir einige Programmiersprachen, darunter Python, aber auch ein paar andere, die nicht so bekannt sind, selbst beigebracht. In einem Gespräch mit einem Informatiker haben wir uns darüber ausgetauscht, wie man KI damit beauftragen kann, Codes zu erklären und bestimmte Dinge gleich zu programmieren. Wir sind zu dem Schluss gekommen, dass man nicht selbst programmieren können muss, sondern in Zukunft logisches Denken und das Begreifen von Zusammenhängen wichtiger sein wird«, erzählt Alessandro Rodia, der Medizintechnik oder Informatik studieren will.

In vielen Schulen gibt es zumindest zwei Schüler, die gut programmieren können. Die wenigsten von ihnen haben das in der Schule gelernt, sondern es sich bereits in der Unterstufe selbst im Internet und in entsprechenden Foren beigebracht. Redet man heute mit professionellen Software-Entwicklern, zeigt sich das gleiche Muster. Sie haben ihre Programmierkenntnisse abseits der Schule selbst erworben.

In der Diskussion über die Frage, was Schüler unbedingt in der Zukunft können sollten, taucht alle Jahre wieder die Forderung, allen (!) Schülern Programmieren beibringen zu müssen, auf, wie das Ungeheuer von Loch Ness. Dabei wird die Tatsache ignoriert, dass Anfängerkenntnisse in einer der aktuell über 350 Programmiersprachen ungefähr so nutzbringend sind, wie das heute mit Stenografie wäre, das jahrzehntelang Handelsschülern und -akademikern eingetrichtert wurde. Moderne Computer verfügen über integrierte Software, die gesprochene Texte automatisch in

Schriftform transkribiert, je nach Anforderung lässt sich die Qualität durch kostenpflichtige selbstlernende Systeme upgraden. Die Zeiten, in denen der Chef seine Sekretärin mit den Worten »Frau Huber, bitte zum Diktat« ins Zimmer bat, sind lange vorbei. Ebenso sind die letzten Exemplare von Spitzenmanagern ausgestorben, die sich ihre E-Mails noch von den Assistentinnen ausdrucken ließen. Hinweis für alle unter Dreißigjährigen: Ja, die gab es wirklich. Ein ähnliches Schicksal wird in naher Zukunft ein Großteil der heute noch gut bezahlten Programmierer erleiden. Diese werden durch sich selbst programmierende Systeme ersetzt. Gefragt sind in Zukunft digitale »Architekten«, die kreative neue Anwendungen entwerfen und selbstlernende Maschinen anleiten, diese dann bis ins kleinste Detail zu programmieren. Einige der gefragtesten IT-Experten können nicht programmieren. Bestes Beispiel ist Steve Jobs, der trotzdem mehrere digitale Schlüsselindustrien mit seinem visionären Vorstellungsvermögen revolutionierte.[4]

Einer ähnlichen Fehleinschätzung wie beim Coding unterlagen einige Eltern beim Thema Mandarin. Unbestritten ist China für viele Unternehmen der entscheidende Zukunftsmarkt. Das führte dazu, dass sich überehrgeizige Eltern dazu verleiten ließen, im Extremfall schon ihre Kleinkinder mit Mandarin zu beschallen, um sie auf eine Zukunft vorzubereiten, in der China die führende Weltmacht sein würde. Dabei wurde allerdings übersehen, dass sich die Geschäftswelt in China mittlerweile sehr gut auf Englisch eingestellt hat. Studieren ist an den Topuniversitäten in Shanghai oder Hongkong problemlos in Englisch möglich. Dass es durchaus hilfreich sein kann, sich einige Standardsätze in fremden Sprachen anzueignen, um persönliche Beziehungen schneller aufzubauen, ist unbestritten. Deshalb muss man aber nicht versuchen, die extrem schwierige Schriftsprache in Mandarin zu erlernen. Schon heute ist KI nahe dran, dass sie die von Ihnen gesprochenen Worte mit Ihrer Stimme in Mandarin transformiert, bis zur entsprechenden App wird es nicht mehr lange dauern. Der Aufwand, sich oder seine Kinder mit Mandarin zu überfordern, steht in keiner Relation zum Nutzen, es sei denn, Sie verlieben sich in einen Chinesen oder eine Chinesin.

Lina Reiter ist sprachbegeistert und hat versucht, Mandarin zu lernen, das aber nach einem Jahr aus Zeitmangel aufgegeben. Ihre Erkenntnis: »Von den drei Fremdsprachen, die ich jahrelang gelernt habe, kann ich gerade einmal mein Englisch auf hohem Niveau halten, weil das viel Übungszeit erfordert. Ich glaube immer noch, dass das Sprachenlernen auch in Zukunft sehr wichtig bleiben wird, allerdings ist es nicht sinnvoll, eine Sprache bis zur Perfektion zu erlernen und sie dann wieder zu vergessen. Ich denke, dass Grundbausteine in vielen verschiedenen Sprachen, die wir auch im Alltag in einer multikulturellen Gesellschaft hören, viel bedeutender sind als eine Sprache, die man perfekt kann. Grundlegendes Wissen in Serbokroatisch, Türkisch und Arabisch wäre somit nützlicher als das perfekte Französisch oder Spanisch. Nicht nur bringt uns das ein größeres kulturelles Wissen, sondern es kann auch zur Verminderung von Vorurteilen gegen andere Sprachen und die Menschen, die diese sprechen, führen.«

Künstliche Intelligenz schlägt menschliche Dummheit

Eines scheint sicher: Menschen, die komplexe Texte nicht sinnerfassend lesen können, werden im Wettbewerb um qualifizierte Jobs chancenlos gegen KI sein. Diese Gefahr besteht zunehmend auch für Studenten und Akademiker. In unseren Schulen und teilweise Universitäten werden oft noch immer diejenigen Inhalte vermittelt, die am einfachsten mit Multiple-Choice-Tests zu prüfen sind. Sie entsprechen leider genau den Fähigkeiten, die sich in Hinkunft am schnellsten durch KI ersetzen lassen.

Die meisten Schulen konzentrieren sich trotzdem viel zu sehr darauf, den Lernenden neben Informationen eine Reihe vorgegebener Fertigkeiten zu vermitteln, wie etwa das Lösen von Potentialgleichungen, das Schreiben eines Computerprogramms in C++ oder die Bestimmung von Chemikalien in einem Reagenzglas.

Ein kurzer Blick in die Realität unseres Schulsystems: Eine Bekannte hat mir erzählt, dass sie pro bono als Mentorin bildungsferne Jugendliche unterstützt. Als sie mit ihrem Schützling eine Bewerbung am Computer für eine Lehrstelle schreiben wollte, musste sie feststellen, dass dieser die @-Taste am Computer nicht finden konnte, um die Bewerbung per E-Mail abzuschicken. Der 15-Jährige besaß ein positives Schulzeugnis. Jeder fünfte 15-Jährige in Österreich und in Deutschland kann nach der Pflichtschule nicht sinnerfassend lesen und beherrscht die Grundrechnungsarten nicht. Wir sollten wohl eher endlich versuchen, diese Grundkompetenzen allen Schülern beizubringen, als uns über Coding für alle den Kopf schwer zu machen.

Wir haben keine Ahnung, wie die Welt und der Arbeitsmarkt im Jahr 2050 aussehen werden. Möglicherweise investieren wir enorme Mühen, um jungen Menschen beizubringen, wie sie bestimmte Programmiersprachen anwenden oder Mandarin sprechen lernen, nur um festzustellen, dass KI in absehbarer Zukunft deutlich besser programmieren kann als Menschen und neue Übersetzungs-Apps uns in die Lage versetzen, ein Gespräch in fast fließendem Französisch, Spanisch, Mandarin oder Arabisch zu bestreiten.

Welche Fähigkeiten sollten wir tatsächlich auf hohem Niveau beherrschen und ständig weiterentwickeln? Jene, die Maschinen nicht so schnell erlernen werden.

»Die Analphabeten des 21. Jahrhunderts werden nicht diejenigen sein, die nicht lesen und schreiben können, sondern diejenigen, die nicht lernen, verlernen und neu lernen können.«

Der Psychologe Herbert Gerjuoy, zitiert von Alvin Toffler

1 Henning Beck: *Das neue Lernen heißt Verstehen*, S. 232 ff.
2 Der Begriff wurde im Kapitel »Seien Sie book smart – aber auch street smart« genau erklärt.
3 Markus Hengstschläger: *Die Lösungsbegabung: Gene sind nur unser Werkzeug. Die Nuss knacken wir selbst*. Ecowin. 2021.
4 Steve Jobs' Biografie von Walter Isaacson

Lebensglück: Wir überschätzen den Intelligenzquotienten und unterschätzen die Selbstdisziplin

»Der Vorteil der Klugheit besteht darin, dass man sich dumm stellen kann. Das Gegenteil ist schon schwieriger.«

Kurt Tucholsky

Zu überraschenden Ergebnissen kommt eine Studie im Auftrag des Bildungsministeriums[1], die der Frage nachgeht, unter welchen Bedingungen es hochbegabten Menschen möglich ist, ihr Potenzial im Erwachsenenleben so umzusetzen, dass sie ihre Existenz als sinnvoll und zufriedenstellend erfahren. Dabei wurden zwei Gruppen verglichen, deren Hochbegabung sich auf unterschiedliche Weise dokumentiert:

Die erste Gruppe von Hochbegabten zeichnete sich durch kontinuierlich herausragende Leistungen in Schule und Universität aus und wurde dafür mit der »Promotio sub auspiciis Praesidentis rei publicae« geehrt. Das bedeutet, dass sie die gesamte Oberstufe einer allgemein- oder berufsbildenden höheren Schule sowie die Reifeprüfung mit Auszeichnung absolviert hatten und alle Prüfungen sowie die Masterarbeit und Dissertation im Studium ausnahmslos mit »Sehr gut« beurteilt wurden. Diese Gruppe wies ein sehr hohes Sinnerleben und Wohlgefühl in ihrem Leben auf. Deren Vertretern war es offenbar bestens gelungen, ihre Fähigkeiten und Stärken umzusetzen.

Die zweite untersuchte Gruppe bestand aus Personen, die Mitglied des Hochbegabtenvereins MENSA waren, wofür ein nachgewiesener IQ von mindestens 130 notwendig ist. Sie empfanden im Vergleich zur ersten Gruppe eine geringe Sinnerfüllung, ein niedriges Wohlbefinden und ihr Leben war durch viele Sinnkrisen gezeichnet.

Was waren die Gründe für diese Unterschiede? Die Studie konnte folgende Ursachen aufdecken:

Die Mensaner gaben mehrheitlich an, dass ihre Fähigkeiten während der Schulzeit nicht anerkannt oder gefördert wurden. Zudem fühlten sie sich oft unterfordert.

Als besonders gefährlich erwies sich die Verbindung von hoher Intelligenz mit geringer Selbstannahme. Wer sich Fehler nur schwer verzieh und wenig »Selbstmitgefühl« aufwies, erfuhr das eigene Leben meist als sinnlos.

Eine zusätzliche Interpretation könnte darin liegen, dass die Mensaner ihre hohe Intelligenz demonstrieren, indem sie die Zugehörigkeit zu diesem exklusiven Kreis bewusst anstreben, dann aber enttäuscht sind, wenn ihre hohen Erwartungen an sich selbst im Leben nicht erfüllt werden.

Zu ähnlichen Ergebnissen kam eine aufwändige Studie von Glücksforscher Mihály Csíkszentmihályi:[2] Die interviewten hochbegabten Jugendlichen wiesen große Unterschiede darin auf, wie gerne sie ihre Begabung auch tatsächlich ausübten. Obwohl sie alle über ein sehr hohes Begabungsniveau verfügten, litten manche unter dem großen Leistungsdruck, dem sie seitens ihrer Eltern und Lehrerschaft ausgesetzt waren. Einige der mathematisch

Begabten waren durchaus selbstbewusst, was ihre Fähigkeiten betraf, während andere, die objektiv gesehen gleich begabt waren, sich für nicht klug genug hielten. Manche wählten freiwillig Kurse, die unter ihrem Niveau waren, um ihre Eltern mit guten Noten zu befriedigen. Andere waren derart motiviert, dass sie es nicht erwarten konnten, jeden Tag in die Schule zu gehen. Talentierte Schüler, deren Hauptmotivation aus der Ausübung ihrer Begabung herrührt, sind nicht nur langfristig erfolgreicher, sondern – und das ist noch viel wesentlicher – auch glücklicher mit ihrem Leben.

Ein Fazit beider Studien: Ein hoher IQ kann für das Lebensglück sogar hinderlich sein, sollte dieser nicht in tatsächliche Leistungen umgesetzt werden und die Ausübung des Talents nicht mit Freude verbunden sein.

Lina Reiter interpretiert die Ergebnisse der Studie für sich so: »Ein hoher IQ muss meiner Meinung nach nicht offensichtlich genutzt werden. Ich habe mir schon oft gedacht, dass es doch verschwendetes Potenzial wäre, wenn ich mein Leben der Musik oder der Kunst widmen würde. Wenn aber das Ziel ist, glücklich im Leben zu werden, dann sollte es egal sein, ob man sein kognitives Potenzial voll ausschöpft, man sollte nur etwas machen, wofür man brennt und einen tieferen Sinn empfindet. Bei beruflichen Entscheidungen sollte es in erster Linie um die Fragen ›Macht mich das glücklich?‹ und ›Sehe ich dahinter einen Sinn?‹ gehen. Erst danach kommen die Fragen ›Habe ich dafür eine Begabung?‹ und ›Schöpfe ich damit mein volles Potenzial aus?‹«.

So testen Sie Ihren IQ mit dem kürzesten Test der Welt

Der im Jahr 2005 erstmals vom MIT-Professor Shane Frederick veröffentlichte »Cognitive Reflection Test« (CRT) enthält lediglich drei Fragen. Diese sind jedoch kniffliger, als sie auf den ersten Eindruck erscheinen. Frederick legte die Fragen rund 3.000 Teilnehmenden, darunter auch Studierenden der amerikanischen Elite-Universitäten Harvard und Yale, vor. Lediglich 17 Prozent aller Prüflinge gelang es, alle drei Fragen richtig zu beantworten. Das sind jene drei Fragen, die es zu lösen gilt:

1. Ein Schläger und ein Ball kosten insgesamt 1,10 Dollar. Der Schläger kostet einen Dollar mehr als der Ball. Wie viel kostet der Ball?

2. Wenn fünf Maschinen fünf Minuten brauchen, um fünf Dinge herzustellen, wie lange würden hundert Maschinen brauchen, um hundert Dinge herzustellen?

3. In einem See gibt es eine Stelle mit Seerosenblättern. Jeden Tag verdoppelt sich die Größe der Stelle. Wenn es 48 Tage dauert, bis die Seerosenblätter den gesamten See bedecken, wie lange würde es dauern, bis die Blätter die Hälfte bedecken?

Die Auflösung finden Sie auf der letzten Seite des Kapitels.

Viel wichtiger als das Ergebnis dieses eher der Unterhaltung dienenden Tests ist die Tatsache, dass es eine Vielzahl von Studien gibt, die die Bedeutung von Selbstdisziplin für Erfolg sowohl im Beruf als auch im Privatleben beweisen – und diese lässt sich im Gegensatz zum IQ deutlich steigern.[3]

Die unterschätzte Macht der Selbstdisziplin

Das Wort Disziplin hat oft einen negativen Klang. Bilder von der unbarmherzigen Erziehung der Kinder bei den Spartanern oder der beinharten Ausbildung der US-Marines tauchen auf. Nüchtern betrachtet ist Disziplin unabdingbar, will man vom Anfängerniveau auf ein höheres kommen. Das gilt auf allen Gebieten, vom Sport bis zur Kunst und natürlich auch in der Wirtschaft. Wie wichtig Selbstdisziplin für den Lebenserfolg ist, wissen wir seit dem berühmten Marschmallow-Experiment durch Walter Mischel im Jahr 1972. Dabei wurden Kinder mit einer Süßigkeit (Marshmallow) vor die Wahl gestellt, diese entweder sofort zu essen oder eine zweite zu bekommen, sollten sie es schafften, den Verzehr zehn Minuten hinauszuschieben. Jene Kinder, die den »Belohnungsaufschub« schafften, erwiesen sich dann im Leben deutlich erfolgreicher. Das Leben ist komplexer als der »Marshmallow-Test«, er beweist aber eine Wahrheit, die für Kinder genauso wie für Erwachsene gilt: Selbstbeherrschung ist eine wesentliche Voraussetzung, um seine Energie auf die langfristig wichtigen und nicht auf die kurzfristig reizvollen Dinge zu lenken.

Der erste Schritt zur Selbstdisziplin besteht darin, sich übergeordnete motivierende Ziele zu setzen. So richtet sich die Frage »Warum ist es notwendig, diese Aufgabe zu erfüllen?« auf die Zukunft und eine höhere Ebene. Dagegen drückt uns die Frage »Wie soll ich das nur schaffen?« auf eine niedrigere Ebene. Wenn Sie die nächste Stufe auf der Karriereleiter im Blickfeld haben, gewinnt die Arbeit an der perfekten Vorstands-Präsentation, die Sie schon lange aufschieben, durch diesen Perspektivenwechsel eine neue Bedeutung. Dann werden Sie sich auch nicht mit der ersten Version zufriedengeben, sondern sie hoch motiviert mehrmals überarbeiten.

Florian Brosch über seine Vorbereitung für den Aufnahmetest für das Medizinstudium: »Ich habe meine Lernstrategie an das Üben mit meinem Musikinstrument, ich studiere zusätzlich Blockflöte, sowie an das Training im Kampfsport angelehnt. Ich finde da sehr viele Parallelen, weil überall geht es darum, dass man eine Deadline hat. Im Sport arbeitet man konsequent für einen Wettkampf und in der Musik für ein Konzert. Man muss lernen, sich die Zeit gut einzuteilen, um dann punktgenau seine Leistung zu erbringen. Beim Lernen erfordert die Konzentration Selbstdisziplin, das heißt, wenn ich lerne, dann mit hundert Prozent. Entsprechend passe ich mein Lernumfeld so an, dass ich mich möglichst gut konzentrieren kann, indem ich den Schreibtisch aufräume und den Computer nur nutze, um aus Unterlagen zu lernen, sonst bleibt der Desktop leer. Die letzten zwei Tage vor einer sehr schwierigen Prüfung wie dem Medizinaufnahmetest macht es wenig Sinn, einzelne Themen von Grund auf neu zu erschließen. Da bereite ich mich dann strategisch auf den Ablauf der Prüfung bis ins kleinste Detail vor – Wie sieht der Raum aus, wo setze ich mich hin, was esse und trinke ich? –, denn diese Prüfung ist sowohl mental wie körperlich sehr fordernd.«

Sport und Musik sind probate Spielfelder, uns gute Gewohnheiten anzutrainieren und schlechte abzustellen. Das klingt banal? Wir unterschätzen die Anstrengung, die es uns kostet, Versuchungen zu widerstehen, denn selbst wenn wir ihnen letztlich doch nachgeben, kostet das viel Energie und frustriert uns.

Ein kurzer Ausflug in meine Welt als Sachbuchautor. Sie können sich schwer vorstellen, wie viel Energie es mich insbesondere am Anfang des Schreibprozesses kostet, mich hinzusetzen und die ersten Sätze für ein neues Kapitel in den Computer zu tippen. Spätestens nach dreißig Minuten überfällt mich eine unglaubliche Müdigkeit und die zwanghafte Sehnsucht, in mein Wohnzimmer zu gehen, mich auf dem Sofa »ganz kurz« auszurasten und auf Inspiration zu warten. Inspiration fällt aus Erfahrung aber leider nicht von der Zimmerdecke herab. Ein sehr erfolgreicher Schriftsteller hat einmal gesagt: Hobbyschreiber unterscheiden sich von professionellen Autoren dadurch, dass Ersteren das Schreiben Freude macht und sie ihre Texte mögen, während Zweitere das Schreiben quält und sie mit ihren Texten ständig unzufrieden sind. Einen Hauch von Wahrheit kann ich darin erkennen. Ich gehöre zu jenen Menschen, die mit zwei gegensätzlichen Bedürfnissen ausgestattet sind. Ich bin sehr ehrgeizig und ich bin sehr bequem. Oft beneide ich die ambitionslosen Faulen oder die ehrgeizigen Fleißigen. Mein Weg der Selbstdisziplin ist mit großer Mühe verbunden. Was ist mein Rezept zur Überwindung der Müdigkeit und der Lust nach Ablenkung? Weitermachen, weiterschreiben, Wort für Wort, Zeile für Zeile, solange, bis es dann doch, zumindest manchmal, zu fließen beginnt. Inspiration ist wie ein flüchtiges Wesen, das auftaucht, wenn man es am wenigsten erwartet. Dann muss man die Idee sofort (schriftlich) festhalten, selbst um vier Uhr in der Nacht.

Anstrengung ist notwendig, um eine Stufe der Qualität zu erreichen, auf der wir Freude empfinden können. Kein Kunstwerk, keine sportliche Leistung, keine Erfindung, kein Projekt konnte ohne eine intensive Zeit der konzentrierten Arbeit verwirklicht werden. In unserer hektischen Welt ist es wichtig, uns möglichst viele Schutzwälle im Leben gegen die Ablenkung durch das Unwichtige und das Nebensächliche zu errichten.

Die Erfahrung zeigt: Sobald die guten Gewohnheiten zu Routinen werden, erfordern sie weniger Anstrengung. Das funktioniert wie ein Autopilot. »Das Gute an Selbstdisziplin ist, dass sie nicht spezifisch sein muss. Wenn ich mir jeden Tag Zeit nehme, um mich einer einzelnen Aufgabe zu widmen, sei das ein Konzert, ein Wettkampf oder eine schriftliche Prüfung, dann erinnere ich mich selbst jeden Tag daran, dass ich dranbleibe, dass ich es selbst in der Hand habe, meinen Zielen näher zu kommen«, erklärt Florian Brosch.

Fähigkeiten wie Frustrationstoleranz, Beharrlichkeit und Fokussierung lassen sich wie ein Muskel trainieren. Selbst disziplin ermöglicht uns, jenen Zielen in unserem Leben mehr Raum zu geben, die Wachstum statt Stagnation fördern. Sie hilft uns voranzuschreiten, indem wir das Wesentliche vom Unwesentlichen zu trennen wissen.

»Die Herrschaft über den Augenblick ist
die Herrschaft über das Leben.«

Marie von Ebner-Eschenbach,
österreichische Erzählerin, Novellistin und Aphoristikerin

---

1 Edith Pollet und Tatjana Schnell: *Brilliant: But what for? Meaning and subjective well-being in the lives of intellectually gifted and academically high achieving adults*: Journal of Happiness Studies, doi:10.1007/s10902-016-9783-4.
2 Mihály Csíkszentmihályi untersuchte 208 ausgewählte talentierte Teenager von ihrem Eintritt in die Highschool, die amerikanische Form unserer Oberstufe, bis zu ihrem Schulabschluss. Alle wurden von ihren Lehrern vor dem Beginn der Highschool als besonders begabt in den fünf Fächern Kunst, Sport, Mathematik, Musik und Naturwissenschaften identifiziert. Im Zentrum der Untersuchung stand die Frage, wie die große Lücke zwischen dem hohen Prozentsatz talentierter Kinder und dem weit geringeren Prozentsatz besonders begabter Erwachsener entsteht.
3 Roy Baumeister: *Die Macht der Disziplin: Wie wir unseren Willen trainieren können.* Campus. 2012.

Auflösung des kürzesten IQ-Tests der Welt

Viele Prüflinge von Frederick waren sich sehr sicher und beantworteten die Fragen so:

1. zehn Cent

2. hundert Minuten

3. 24 Tage

Alle Antworten sind impulsiv, jedoch falsch. Das hier sind die korrekten Antworten, die nur eine Minderheit der Befragten nennen konnte.

1. Hier ist die richtige Antwort: fünf Cent.

Angenommen, der Ball kostet x. Dann kostet der Schläger einen Dollar mehr, also kostet der Schläger: x + 1.

Also haben wir Ball + Schläger = x + (x + 1) = 1,1, weil sie zusammen 1,10 Dollar kosten.

Löst man die Klammern auf, hat man: 2x + 1 = 1,1,

dann stellt man die Gleichung um auf: 2x = 0,1,

daraus folgt also x = 0,05.

Das bedeutet, der Ball kostet fünf Cent und der Schläger kostet 1,05 Dollar.

2. Hier ist die richtige Antwort: fünf Minuten. Warum?

Zunächst sollte klar sein: Wenn fünf Maschinen fünf Minuten brauchen, um fünf Dinge zu erstellen, dann braucht eine Maschine fünf Minuten, um ein Ding zu erstellen. Denn jede Maschine produziert ein Ding in fünf Minuten.

Wenn wir nun aber hundert Maschinen haben, die zusammen arbeiten, kann jede Maschine ein Ding in fünf Minuten erstellen.

Deshalb wird es die geforderten hundert Dinge in fünf Minuten geben.

3. Die richtige Antwort lautet: 47 Tage. Warum?

Zunächst die Annahme: Jeden weiteren Tag verdoppelt sich die Größe des Flecks.

Daraus folgt logisch: Jeden Tag, den man zurückdenkt, bedeutet, dass sich der Fleck halbiert. Also ist der See am Tag 47 halb voll.

Am Tag 48 ist der See vollbedeckt, am Tag 47 zur Hälfte bedeckt. Am Tag 46 Tag war der See nur zu einem Viertel mit Rosenblättern bedeckt.

Altruismus ist der Egoismus der Zukunft – tun Sie etwas für andere und Sie werden viel zurückbekommen

»Altruismus aus Klugheit, Idealismus aus Eigennutz:
das ist vielleicht die Formel für eine kommende Ethik.«

Egon Friedell, österreichischer
Schriftsteller und Theaterkritiker

Die meisten Jungen, mit denen ich gesprochen habe, engagieren sich trotz der sehr fordernden Schule sozial in hohem Ausmaß: in der Rot-Kreuz-Jugend mitarbeiten, Zwölf-Stunden-Schichten für die Ukrainehilfe leisten oder nach Schulabschluss als Rettungssanitäter arbeiten. Hochbegabte Schüler zeichnen sich eben nicht nur dadurch aus, dass sie Formeln und Sprachen schneller lernen als andere, sondern durch ihre Fähigkeit, über den eigenen Tellerrand zu schauen und zu verstehen, was in ihrem Umfeld gebraucht wird. Es ist ihnen zu wenig, über das Leid der Welt zu klagen, sie wollen Verantwortung übernehmen und etwas tun. Im Rahmen des Projekts »kompetent sozial« besuchen Popper-Schüler Jugendliche mit Lernbehinderungen. Philipp, ein mathematisch Hochbegabter, sollte eine Woche lang mit einem Gleichaltrigen die Zahl Sieben einüben. Diesem wurde immer wieder die Sieben in unterschiedlichen Darstellungen gezeigt. Das Ziel war, dass er dann sieben Bälle aus einem Korb abzählen und herausnehmen können sollte. Philipp, der unter seiner eigenen Ungeduld litt, musste auf einmal lernen, mit Langsamkeit umzugehen, um dann zu erkennen: »Ich bin nicht prinzipiell ungeduldig, ich muss nur den Sinn sehen, warum etwas länger dauert.« Trotz Lernbehinderung schaffte der lernschwache Schüler mit Philipps Unterstützung einen überdurchschnittlichen Entwicklungssprung und bewegte sich dann im Zahlenraum zwischen zehn und zwanzig.

Verändern Sie die Welt durch das, was Sie tun, nicht durch das, was Sie posten

Eine Geschichte dokumentiert diesen Anspruch sehr schön: Popper-Schüler halfen eine Woche lang schwerstbehinderten Kindern beim Bewältigen von Lernaufgaben. Nach den fünf Tagen, die dafür vorgesehen waren, entschieden sie in der Reflexion in der Gruppe danach: »Wir haben hier Verantwortung übernommen, wir haben Beziehungen aufgebaut, wir können jetzt nicht einfach gehen. Daher werden wir die Kinder in unserer Freizeit weiterbetreuen.« Dazu muss man wissen, dass der Stundenplan in der Popper-Schule zwar viel Freiraum lässt, in Summe aber deutlich über der Belastung eines regulären Gymnasiums liegt, beispielsweise wird auch am Samstag unterrichtet. Trotz ihrer knappen Freizeit unterstützten die Popper-Schüler ihre Schützlinge weiterhin regelmäßig. Das führte dazu, dass die Inklusionsschule dann die Popper-Schule ersuchte, die Betreuung für die Schwerstbehinderten auch beim Sommerfest zu übernehmen, da diese sonst nicht daran hätten teilnehmen können. Wenig überraschend fanden sich mehr als genug Freiwillige.

Etwas, das diese jungen Menschen bewusst oder unbewusst praktizieren, ist das Prinzip der Kausalität. Halten wir Türen auf, so werden wir durch offene Türen gehen; werfen wir Türen zu, könnten wir auch eine Türe auf die Nase bekommen. Unterwerfen wir unsere menschlichen Beziehungen immer nur dem Kriterium der Nützlichkeit, könnte es sehr einsam werden, wenn wir niemandem mehr nützlich sind. Sollte jemand seiner Putzfrau einen Lohn zahlen, vom dem sie und ihre Kinder nicht leben können, wird man sich nie sicher sein dürfen, dass sie nicht Informationen an professionelle Einbrecher oder gar Kindesentführer weitergibt. Das ist keineswegs ein ferner Gedanke, sondern Lebensrealität in vielen südamerikanischen Ländern, wo die gepanzerte Limousine mit dem Bodyguard zur Routine der wenigen Reichen gehört. Es ist eine Illusion zu glauben, dass man auf Dauer die Unruhe auf der Straße vor dem Garten im Innenhof seines Hauses draußen halten kann. Irgendwann dringt der Lärm nach innen. Der Lärm wird in Zukunft heftiger und kommt näher.

Steckt in uns allen ein Altruist?

Idealtypisch handelt ein Altruist uneigennützig aus innerem Antrieb und erwartet keine Gegenleistung. Er ist im Gegenteil sogar bereit, durch sein Handeln Nachteile in Kauf zu nehmen. Doch steckt dahinter nicht doch auch immer ein Teil Egoismus, wie das die Überschrift in diesem Kapitel »Altruismus ist der Egoismus der Zukunft« vermuten lässt? Auch wenn Altruisten keine konkrete Gegenleistung erhalten, werden sie jedenfalls durch das eigene Wohlgefühl belohnt. »Der ideale Mensch verspürt Freude, wenn er anderen einen Dienst erweisen kann«, hat Aristoteles dieses Phänomen beschrieben. Jener »warm glow«, das warme Gefühl, das im Bauch entsteht, sobald man anderen etwas Gutes tut, ist keine philosophische Fiktion, sondern messbar.[1]

Privat kann jeder von uns entscheiden, wie hilfsbereit und fürsorgend er agiert. Doch wie ist das in einer wettbewerbsorientierten Marktwirtschaft möglich? In der Wirtschaft ist purer Altruismus eher selten, selbst großzügige Spenden von Unternehmen werden PR-mäßig vermarktet. Was sich abzeichnet, ist ein Wirtschaftssystem, das stärker dem Gesetz der Reziprozität, also dem Geben und Nehmen unterworfen sein wird. Das beginnt auf individueller Ebene, wenn sich Kinderlose freiwillig für den Dienst in der Weihnachtszeit melden, damit die Familien das Fest und den Urlaub gemeinsam verbringen können. Sie sammeln damit Wohlwollen und sorgen dafür, dass die Kundenbedürfnisse auch in Ferienzeiten bedient werden können, was der positiven Entwicklung des Unternehmens und der Sicherung aller Arbeitsplätze dient. Die wachsende Bedeutung von Teamwork statt Einzelkämpfertum in Wirtschaft, Wissenschaft und Kunst sowie die immer intensivere Vernetzung der Kommunikation durch soziale Medien eröffnet Menschen, die das Gesetz der Reziprozität beherzigen, bessere Erfolgschancen. So herrscht im wettbewerbsintensiven Silicon Valley eine Kultur, in der es durchaus üblich ist, dass ein Softwareentwickler von Google einen Bekannten bei Facebook um Unterstützung bei einem Problem bittet und auch bekommt. Konkurrierende Unternehmen müssen in gesellschaftlich wichtigen Fragen wie der Abfallvermeidung durch Pfandsysteme für Einwegverpackungen kooperieren. Tania Singer, Professorin für Psychologie und Gruppenleiterin für Soziale Neurowissenschaften bei der Max-Planck-Gesellschaft, spricht von »Caring Economics«, einem Wirtschaftsmodell, das menschliches Miteinander und Wohlergehen auf Basis von Altruismus als Produktivitätsmotor nutzt. Die Modelle der Verhaltensökonomie unterstützen diesen Wertewandel: Wer verhält sich in welcher Situation und aus welcher Motivation wie, um welches Ergebnis für sich und andere zu erreichen?[2] Diese Frage beschäftigt viele meiner jungen Gesprächspartner und es ist zu erwarten, dass sie von potenziellen Arbeitgebern Antworten darauf erwarten.

Die Zukunft gehört den ambitionierten Gebern –
je altruistischer Sie handeln, desto mehr können
Sie profitieren

Adam Grant, Professor für Organisationspsychologie an der renommierten *Wharton Business School*, ist davon überzeugt, dass sich gerade in der konkurrenzorientierten Wirtschaftswelt die Bereitschaft, großzügig an andere zurückzugeben, langfristig als erfolgversprechender erweist als selbstbezogenes Handeln. Als ein Beispiel zitiert er den LinkedIn-Mitbegründer Reid Hoffman: »Es mag widersinnig klingen, aber je altruistischer Ihre Einstellung ist, desto mehr werden Sie von der Beziehung profitieren. Wenn Sie darangehen, anderen zu helfen, wird sich Ihr Ruf rasch festigen, und Ihr Universum von Möglichkeiten wird sich erweitern.« Es ist leichter zu gewinnen, wenn jeder will, dass Sie gewinnen. Es dauert meist eine Weile, bis idealistische Geber Wohlwollen und Vertrauen errungen haben, aber die Reputation, die sie sich schließlich erarbeiten, und die Beziehungen, die sie aufbauen, multiplizieren ihren Erfolgsfaktor. Diese Kombination aus hoher Ambition und ausgeprägtem Altruismus war auch signifikant in den Gesprächen mit den hochbegabten Schülern.

Je älter wir werden, desto großzügiger sollten wir sein

> »Die Zukunft gehört denen, die der nachfolgenden Generation Grund zur Hoffnung geben.«
>
> Pierre Teilhard de Chardin

Die meisten Menschen haben mit dem Pensionsantritt noch ein Viertel oder sogar ein Drittel ihres Lebens vor sich. Man kann daher durchaus vom »dritten Lebensalter« sprechen. Noch nie war eine Generation älterer Menschen geistig und körperlich so gut in Form wie die jungen Alten von heute. Trotzdem gibt es kaum gesellschaftliche Erwar-

tungen an sie. Sie müssen diese Lebensphase selbst sinnvoll füllen, damit sie nicht zum Niemandsland zwischen
Beruf und dem hohen Alter wird. Ganz pragmatisch gesehen geht es darum, dem Alltag neue Strukturen zu geben,
verschüttete Interessen wiederzuentdecken und so einen
eigenen neuen Lebensstil zu finden. Dabei kann Arbeit, die
man auf sich nimmt, ob bezahlt oder freiwillig, das mitt-
lere Lebensalter deutlich verlängern. Der deutschameri-
kanische Psychoanalytiker Erik H. Erikson sieht in dieser
Lebensphase eine spannende Entwicklungsaufgabe, deren
Schlüsselmerkmal die Erlangung von Weisheit ist: Selbstannahme statt Verzicht, Freude an eigenen Leistungen, anstatt das Vergangene zu beklagen. Am Schluss bekommen
wir das, was wir gegeben haben.

Bei welchen Anlässen haben Sie schon den Wunsch verspürt, etwas für die kommende Generation zu tun, das
über die Sorge für Ihre eigenen Kinder und Enkelkinder
hinausgeht? Generativität beschreibt die Fähigkeit zur Sorge, Fürsorge oder Care für Menschen einer anderen Generation. Damit ist sowohl die Verantwortungsübernahme
für die jungen Menschen der nächsten Generation als auch
das Bewusstsein der Jüngeren für das Wohl der Älteren
gemeint.

Die Fähigkeit, über uns hinauszuwachsen, ist nach Viktor Frankl eine ausschließlich menschliche Eigenschaft.
Menschlich sein heißt, sich auf etwas anderes als sich selbst
zu beziehen. Es gibt eine schöne Parallele zwischen dem Begriff »Generativität« und dem, was Frankl als den »letzten
Sinn« bezeichnet. Man kann es Verbindung zum höheren

Ich, zu Gott, zu unserem eigenen Geist, zum universalen Bewusstsein, zur Liebe oder zum Gemeinwohl nennen. Selbstlosigkeit fühlt sich jedenfalls gut an. Generativität befriedigt etwas in uns, das über uns hinaus will und sich nach Transzendenz sehnt, etwas, das unser Bedürfnis nach Lebenssinn stillt, indem wir die Bedürfnisse anderer erfüllen. Das gilt unabhängig davon, wie viel wir zu geben haben. So gibt es keinen schöneren Vertrauensbeweis als die Großzügigkeit der wirklich Armen.

Wenn wir uns selbst veredeln, können wir mehr werden, als wir sind

»Niemand ist nutzlos in dieser Welt, der einem anderen die Bürde leichter macht.«

Charles Dickens

Die Überzeugung, dass wir nicht isolierte Einzelwesen sind, die sich gegen den Rest der Welt verteidigen müssen, löst mitunter ein überwältigendes Gefühl aus. Wir können mit freudiger Hingabe handeln, indem wir die Überzeugung aufrechterhalten, dass unsere Handlungen, sollten sie mit positiver Intention ausgeführt werden, zu einer besseren Zukunft beitragen können. In meinem Freundeskreis gibt es einen sehr erfolgreichen Unternehmer, der immer als knallhart galt und der heute zu den vielgescholtenen Reichen zählt. Nur wenige wissen, dass er seit Jahren einmal im Jahr einen Bus mietet und mit behinderten Menschen als Fahrer einen Ausflug macht. Die Welt ist nicht schwarz-weiß. Wir alle tragen die großzügige Tat in der Tasche mit uns, wir müssen sie nur herausnehmen, gelegentlich tun wir das ja auch. Niemand ist jemals vollständig vollendet.

In dieser komplexen Welt ist unsere Intention das Einzige, das wir unmittelbar beeinflussen können. In den Gesprächen sowohl mit den Jungen als auch mit Menschen, die über viel Lebenserfahrung verfügen, ist mir aufgefallen, dass sie sich immer selbst die Fragen »Will ich das wirklich?« oder »Brauche ich das?« gestellt haben. Radikaler Verzicht funktioniert nur selten, der Gedanke, Ballast abzuwerfen, kann dagegen befreiend wirken. Oft bemühen wir uns um Dinge, die uns mehr Mühe bereiten, wenn wir sie haben als ohne sie. Das ist immer eine individuelle Frage, die nur jeder für sich beantworten kann: Wann ist weniger für mich mehr für mich?

Eine zentrale These des Glücksforschers Mihály Csíkszentmihályi lautet:[3] »Die beste Methode, seinem eigenen Leben Sinn zu geben und jeden Augenblick entlang dieser Wegstrecke freudig zu genießen, ist die aktive, bewusste Teilnahme am Evolutionsprozess.«

Viele Schüler setzen diesen scheinbar abstrakten Anspruch konkret in ihrem Leben um, so sagt Lara Müller: »Wir sind alle total aufeinander angewiesen. Gegenseitiges Unterstützen gibt mir auch viel zurück, ich werde mein Engagement auf jeden Fall fortführen. Wenn ich jetzt sage, ich setze mich für globale Gerechtigkeit ein, dann ist das jetzt nichts, was ich sofort zurückbekomme. Aber ich werde es trotzdem tun, einfach, weil ich privilegiert bin und meine Einflussmöglichkeiten irgendwie nutzen will, um das Ganze ein bisschen besser zu machen.«

Die Welt braucht mehr Menschen, die nicht versuchen, sich das Leid der Welt auf ihre Schultern zu laden, sondern etwas tun. Sie verdienen Bestärkung. Wenn Sie jemand kennen, der sich für andere engagiert, der über den Tellerrand seiner eigenen Interessen hinausschaut, der für andere Verantwortung trägt, obwohl er nicht dazu verpflichtet wäre, dann machen Sie bitte einmal den kleinen Schritt auf ihn zu und sagen: »Ich weiß, dass es nicht selbstverständlich ist, was Sie tun. Sie sollen wissen, dass Sie meine Anerkennung haben.« Respekt, der nicht ausgesprochen wird, ist wie eine Kerze, die man nie anzündet.

1 Geprägt hat den Begriff der US-amerikanische Wirtschaftswissenschaftler James Andreoni in den 1980er-Jahren.
2 Helmut Stapel: Wie selbstlos ist die Selbstlosigkeit wirklich? Geo vom 19.3.2021.
3 Mihály Csíkszentmihályi: *Dem Sinn des Lebens Zukunft geben.* 1983. Klett-Cotta.

Investieren Sie in Ihre mentale Gesundheit und die Ihrer Kinder – jeder Mensch hat ein Recht auf Psychotherapie

Anja[1] litt während des ersten Corona-Lockdowns stark unter ihrer Einsamkeit, kompensierte das aber mit enormem Einsatz in der Schule. Sie lernte oft bis Mitternacht, um dann um sechs Uhr früh aufzustehen und weiterzumachen. Der zweite Lockdown war dann einfach zu viel, sie verfiel in eine totale Lethargie und verlor die Freude an allem. Auf Anraten der Sozialpädagogin der Schule begann sie mit einer Verhaltenstherapie, obwohl sich ihre Eltern, beide Mediziner, anfangs dagegen wehrten. Erst als die Symptome auch physisch sichtbar wurden, machten sie sich ernsthaft Sorgen und unterstützten die Therapie. Diese half Anja zumindest am Anfang. Später gab es bei ihr aber eine Symptomverschiebung hin zu einer ernsten Anorexie nervosa, also Magersucht. Typisch dafür ist, dass Betroffene häufig auffallend dünn sind und stark an Gewicht verlieren. Das stellt eine schwerwiegende und meist sehr langwierige Erkrankung dar, die unbedingt behandelt werden muss, weil sie leider auch tödlich enden kann.

In der Therapie arbeitete man intensiv an Anjas Magersucht, aber es kam ein Punkt, an dem man ambulant nichts mehr machen konnte. Die Schülerin kam in eine spezialisierte Rehaklinik. Anja: »So schlimm das klingen mag, ich brauchte jemand, der mich quasi zum Essen zwang. Natürlich gab es auch mentale Gründe, ich habe mich gefragt: Wie bin ich da überhaupt reingekommen? Was gibt mir die Erkrankung? Denn dieses erkrankte Ich zieht daraus immer eine Art von Bestätigung, zum Beispiel die Kontrolle über den eigenen Körper. Ich verbrachte drei Monate in der Klinik, um wieder essen zu können und zuzunehmen. Am Anfang litt ich unter starken Bauchschmerzen vom Essen, mein Magen musste sich erst wieder daran gewöhnen. In der Klinik sah ich viele Extremfälle, wo ich mir einfach gesagt habe, so will ich nicht enden. Ich will nicht über ein Stück Kuchen weinen, mit 27 Jahren im Rollstuhl sitzen und jede Woche zum Kardiologen gehen müssen, im schlimmsten Fall sterben, weil das ist eine Erkrankung mit 25 Prozent Mortalitätsrate. Ich will mein Abitur machen, ich will mein Leben leben und irgendwie die Welt bewegen. Selbst wenn sich das plakativ anhört, mein Weg zum Abitur führt übers Essen. Ich wusste, wenn ich jetzt hier einfach meinen Teller aufesse, dann mache ich mein Abitur. Und jetzt habe ich gute Chancen, dass ich ein 1,0-Abitur schaffe, das ist ein Ziel, wofür es sich lohnt.«

Die Geschichte von Anja ist ein dramatisches Beispiel dafür, wie wichtig den Schülern von St. Afra und der Popper-Schule das Thema »mentale Gesundheit« erscheint, selbst wenn sie nicht persönlich davon betroffen sind. Laurenz Frenzel: »Auch wenn man nicht so offen darüber redet, muss ich ehrlich sagen, dass psychische Probleme ein großes Thema sind. Wir haben vier Ausschüsse des Schulrats, die sich mit diesem Thema beschäftigen, weil es omnipräsent ist und weil es keine einfachen Lösungen dafür gibt. Wir wollen zum einen Leistungen, wir wollen aber auch im Einklang mit uns selbst sein. Dass man diese Ziele nicht immer miteinander vereinbaren kann, das erkennen wir manchmal nicht.«

Die Forderung, psychische Probleme zu enttabuisieren und Psychotherapie für alle frei zugänglich zu machen, kam immer wieder in den Gesprächen mit den Schülern und Absolventen. Vor allem in St. Afra, aber auch in der Popper-Schule bekennen sich Schüler dazu, selbst in Therapie zu gehen. Das ist deshalb von Bedeutung, weil auch für Otto Scharmer, Organisationsforscher am *Massachusetts Institute of Technology* (MIT), »mentale Gesundheit« – noch vor dem Klimawandel – das wichtigste Zukunftsthema darstellt.[2]

In vielen Gesprächen mit den Schülern habe ich Bestätigung für diese These gefunden. Durch Corona sind die Forderungen nach mehr psychologischer Betreuung immer lauter geworden. Das betrifft selbst Schülerinnen, die an sich bisher mit hohem Leistungsdruck gut umgehen konnten. Patricia:[3] »Ich bin selbst seit über einem Jahr in psychiatrischer und psychologischer Behandlung und habe in der siebten Klasse ziemlich viele Fehlstunden gehabt, weshalb das sowohl meine schulischen Leistungen als auch mein Wohlbefinden in der Schule beeinflusst hat. Was ich dadurch gelernt habe, ist, dass man selbst oder die eigenen Eltern immer den ersten Schritt machen müssen, weil niemand auf dich zukommt oder genau hinschaut, ob es dir gut geht. Diesen ersten Schritt zu erleichtern oder ihn von der Schule aus zu machen wäre sehr wünschenswert.«

Es gehört zur menschlichen Natur, dass wir über eine große Bandbreite von positiven und negativen Gefühlen verfügen. Geht es um die Enttabuisierung von psychischen Problemen, bietet der offene Umgang mit der eigenen Verletzlichkeit einen hilfreichen Zugang. Sind Eltern und Großeltern in der Lage, mit ihren Kindern über die eigenen Probleme zu sprechen und sich verletzlich zu zeigen, so könnten jene die Erwachsenen besser verstehen und begreifen, dass man mit seinen Sorgen oder Ängsten nicht allein ist und sie nicht verschweigen muss. So schafft man einen Dialog, in dem sich alle besser fühlen und wo Probleme erst ausgesprochen und dann gelöst werden können.

Es ist okay, nicht okay zu sein. Es ist okay,
sich um sich selbst zu kümmern. Es ist okay,
um Hilfe zu bitten.

Wenn mit Otto Scharmer sowohl einer der führenden Wissenschaftler der Welt als auch viele Schüler mentale Gesundheit als eine der am meisten unterschätzten Herausforderungen von morgen sehen, dann sollte uns das zu denken geben. Denn durch die Individualisierung von psychischen Problemen besteht die Gefahr, die gesellschaftliche Perspektive zu übersehen. Wenn es so vielen Menschen nicht gut geht, was stimmt dann mit dem System nicht? Vor allem Teile der älteren Generation erkennen noch nicht die Bedeutung des Themas. Eltern und Großeltern haben eine ganz andere Vorstellung davon, was mentale Gesundheit ist, im Gegensatz zu den Jüngeren. Anja: »Ich würde mir jetzt von den Älteren wünschen, dass, wenn eine mentale Erkrankung vorliegt, es dafür genauso viel Verständnis gibt, wie wenn man sich bei einer Wanderung das Bein bricht. Da erwartet dann auch niemand, dass man beim Schulsport teilnimmt. Bei meiner Erkrankung kamen die entscheidenden Warnrufe aus meinem Freundeskreis. Im Internat kriegt man das mit, wenn eine Freundin anfängt, immer weniger zu essen, und man sieht, dass sie stark abnimmt. Meine Eltern und Großeltern sind einfach nicht mit der Wahrnehmung dieser Themen aufgewachsen, daher konnten sie nicht sehen, wie sehr ich litt, bevor es offenkundig wurde. Ich mache ihnen überhaupt keinen Vorwurf, nur für die Zukunft wünsche ich mir mehr Sensibilität.«

Der Glaube, Kindheit sei ein Ort der Sehnsucht und der Unbeschwertheit, ist heute für viele junge Menschen eine fatale Lüge. Nachdem Kinder im Gegensatz zu Pensionisten oder Tieren keine lautstarke Lobby haben, gibt es niemanden, der für sie erkämpft. Sie werden allein gelassen in ihren Nöten. Altersgenossen oder Lehrer können die unerfüllten seelischen und psychischen Bedürfnisse nicht ausgleichen. Auf meine Frage, was sich Anja von den Erwachsenen wünscht, antwortet sie: »Hört euren Kindern genau zu! Die Warnzeichen sind sehr individuell. Es gibt keinen Fünf-Punkte-Plan, wie man ernsthafte psychische Probleme erkennt. Gerade wenn Kinder sich oft zurückziehen, es kommen die Hilferufe, die Eltern ernst nehmen können.«

Psychische Probleme wurden vor allem durch Soziale Medien entmystifiziert: Depressionen, bipolare Störungen,

Magersucht, Suchtverhalten stellen keine Tabus mehr dar. Besonders in ihren seelischen Nöten bei Themen wie Mobbing, Scheidungskriege der Eltern oder toxische Freundschaften finden Jugendliche auch Betroffene in ihrem Freundeskreis. Man fühlt sich so nicht allein, tauscht sich aus und sieht: »Es geht vielen so wie mir.« Gefährlich wird es, sollten diese Freundeskreise nicht existieren und man es aus Scham nicht wagt, sich anderen anzuvertrauen. Das Thema Mobbing taucht zwar immer wieder in den Medien auf, wir unterschätzen aber noch immer, wie viele junge Menschen davon betroffen sind. Schon im Kindesalter werden sexuelle Übergriffe in den Sozialen Medien in Schulen verbreitet, die Opfer gedemütigt, von allen ausgegrenzt und bis zu Selbstmordversuchen getrieben. Dann steht ein 14-Jähriger, der aus Verliebtheit einem Mädchen seinen Penis gezeigt hat, dabei gefilmt und das Video mit der ganzen Schule geteilt wurde, auf dem Dach und springt nur deshalb nicht, weil er das seinen Eltern nicht antun will. Das ist nur einer von Tausenden ähnlichen wahren Fällen, mit denen Therapeuten heute konfrontiert werden. Gegen Mobbing gibt es zwei Waffen: Wertschätzung und Zivilcourage. Beide Prinzipien stehen leider weder in den Lehrplänen der Schulen noch im Ausbildungsprogramm der Lehrerausbildung.

Braucht jedes Kind, jeder Jugendliche, letztlich jeder Mensch einen Therapeuten?

Aufgrund meiner Bekanntheit als Bildungskritiker wenden sich Eltern an mich, sollten ihre Kinder Probleme in der Schule haben. Oft erkenne ich jedoch schnell, dass die Schule zwar »Tatort« ist, aber die Ursachen viel tiefer liegen. In solchen Fällen verweise ich die Betroffenen immer an mir bekannte Psychotherapeuten. Sobald Kinder bei einem erfahrenen Spezialisten gelandet sind, der zu ihnen passt, merken sie, dass sich das Leben anders anfühlt. »War es früher so, dass man verschwiegen hat, zum Psychologen oder Psychotherapeuten zu gehen, ist es heute eher so, dass unter Jugendlichen die erstaunte Frage gestellt wird: ›Was, du machst keine Therapie?‹ Therapie wird unter Jugendlichen als stetiger Begleiter des Lebens wahrgenommen. Wie eine Fitnesskarte, die löse ich ja auch nicht nur für drei Wochen, sondern ich habe ein Jahresabo und gehe regelmäßig dorthin. Ich kümmere mich nicht nur um meinen Körper, sondern auch um meine Psyche. Ich schenke ihr Beachtung und somit schenke ich mir Beachtung«, erläutert die Familientherapeutin Martina Rammer-Gmeiner.[4]

Jugendliche haben erkannt, dass der rechtzeitige Zeitpunkt, belastende Lebensthemen, Probleme oder Ängste zu besprechen, eine Maßnahme darstellt, um sich zu erfangen, solange es noch geht. Fast jeder kennt Jugendliche im Umfeld, die massive psychische Probleme haben, viele wissen von anderen, die Suizidversuche unternommen haben oder an einer Überdosis gestorben sind. Nur weil in den Medien nicht darüber berichtet wird, heißt das nicht, dass es Selbstmorde von Jugendlichen nicht gibt. Diese werden von keiner Statistik erfasst.

All das rüttelt wach. Diese Erfahrungen und das eigene Leben, das von so viel Unsicherheit und der Erfahrung,

»allein gelassen zu sein«, geprägt ist, führt Jugendliche zu Therapeuten. Dazu kommen Eltern, die oftmals selbst instabil und überfordert sind. Kinder und Jugendliche realisieren, wenn ihre Eltern Antidepressiva nehmen, im Job völlig ausgebrannt sind und wegen jeder Kleinigkeit in die Luft gehen. Für Kinder und Jugendliche bleiben hier wenig Ressourcen.

Anders als die Elterngeneration haben Jugendliche erfasst, dass Selbstfürsorge etwas anderes ist als Egoismus nach dem Motto: Ich kann mit einem Auto nicht von Wien nach München fahren, sollte der Tank halb leer sein. Ich MUSS tanken, um am Ziel anzukommen. Ich MUSS mich um meine Seele kümmern, um meinen Lebensweg beschreiten zu können.

Erst wenn es der Seele gut geht, können Jugendliche sich um Schule, Körper, Freunde kümmern. Mentale Gesundheit ist das Fundament, auf dem wir aufbauen sollten, was sich in der Realität als schwierig erweist. Fragt man bei Jugendpsychiatern, wann es einen freien Termin gibt, verschlägt es einem die Sprache. Die Wartezeit beträgt mindestens vier Monate, doch meist gibt es keinen, oft nicht einmal bei privaten Ärzten. Bestürzend ist, dass Psychologen und Psychotherapeuten nicht von der Krankenkassa bezahlt werden.

Natürlich braucht nicht jedes Kind einen eigenen Therapeuten. Umso mehr wäre es unser aller Verantwortung, dafür zu sorgen, niederschwellige Betreuung in Schulen zu garantieren, wie das in skandinavischen und baltischen Ländern längst der Fall ist. Das sollte in Deutschland und

Österreich, zwei Staaten mit den höchsten Bildungsausgaben der Welt pro Schüler, nicht am Geld scheitern.

Was Sie konkret für Ihre eigene mentale Gesundheit tun können

Psychische Gesundheit ist eine wesentliche Voraussetzung für Lebensqualität, Leistungsfähigkeit und soziale Teilhabe. Das trifft auf 14-Jährige genauso zu wie auf Achtzigjährige. Auffallend sind die Unterschiede in der subjektiv empfundenen seelischen und psychischen Belastung zwischen jungen Männern und Frauen im Alter von 14 bis 29 Jahren in der Trendstudie »Jugend in Österreich – Sommer 2022«: Bei Frauen macht Stress 54 Prozent, bei Männern 39 Prozent aus; 45 Prozent der Frauen leiden unter Erschöpfung, bei Männern sind es 31 Prozent; Selbstzweifel belasten 39 Prozent der Frauen und 21 Prozent der Männer. Ähnliche Studien bei Erwachsenen weisen ebenfalls derartige Unterschiede zwischen beiden Geschlechtern auf. Ein Erklärungsansatz dafür ist der hohe Perfektionsanspruch, den unsere Gesellschaft an Frauen in allen Lebensbereichen stellt, und den diese oft für sich selbst übernehmen.

Der Unternehmensberater, Management-Coach und Psychoanalytiker Klaus Geisslmayr kennt aus vielen Beratungen die Bedeutung mentaler Belastbarkeit für Manager und Menschen mit belastenden Berufen: »Die gute Nachricht ist, dass wir aus der Psychologie und den Neurowissenschaften wissen, dass sich Resilienz – das ist die Fähigkeit, mit Druck und Belastungen umzugehen – entwickeln lässt. Sie ist keine konstante, genetisch vorgegebene Persönlichkeitseigenschaft, sondern wird durch neue Erfahrungen, Gedanken und Einsichten geformt.«

Auch wenn es stimmt, dass manche Menschen von Natur aus belastbarer sind als andere, lässt sich Krisenkompetenz entwickeln, weil sich unser Gehirn ständig strukturell und funktionell verändern kann. Diese auch als Neuroplastizität bezeichnete Eigenschaft bedeutet, dass bei jeder Begegnung, bei jeder Wahrnehmung, bei jedem Gedanken Neuronen neu verbunden werden. Dadurch kann auch die Fähigkeit, mit Rückschlägen, Niederlagen und Selbstzweifeln umzugehen, gesteigert werden. Sollten die eigenen Ressourcen und das soziale Netzwerk nicht mehr ausreichen und sich Menschen über einen längeren Zeitraum niedergeschlagen und energielos fühlen, keine Lebensfreude empfinden und das eventuell auch noch mit körperlichen Symptomen verbunden ist, können Psychotherapie und professionelles Coaching hilfreich sein, um negative Muster und unbewusste Abläufe zu erkennen beziehungsweise zu verändern. Klaus Geisslmayr: »Für jeden Menschen und in besonderer Weise für Führungskräfte ist es in einer Zeit, die von Unsicherheit, Komplexität und Konkurrenzdruck geprägt ist, essenziell, laufend an der eigenen Widerstandsfähigkeit zu arbeiten.«

Die Ratschläge zur psychischen Gesundheit, die man von Ärzten und Therapeuten erhält, in seriösen Seminaren lernt oder etwa in Dale Carnegies bereits vor 75 Jahren erschienenem und bis heute gültigen Klassiker *Sorge dich nicht – Lebe!* lesen kann, haben zwei Dinge gemeinsam:

Erstens, die gesunden Verhaltensweisen sind gut erforscht: Auf den eigenen Köper hören und Warnsignale nicht ignorieren, sondern beachten; lerne deine eigenen Grenzen zu erkennen und zu respektieren; lasse nicht zu, dass andere Menschen oder berufliche Verpflichtungen deine mentale Gesundheit beeinträchtigen; erlaube dir, »Nein« zu sagen, wenn du überfordert bist oder etwas nicht möchtest; baue Zeit für Rituale, Dankbarkeitsübungen und Muße in die Tagesroutine; ernähre dich gesund und bewege dich regelmäßig; sorge für ausreichend Schlaf und verzichte auf übermäßigen Alkoholkonsum und so weiter. In meinem Buch *Die große Erschöpfung* gehe ich ausführlich auf diese Kraftquellen ein.[5]

Zweitens: So bekannt diese Faktoren sind, so schwierig ist es offenbar, sie in unserer Lebenswirklichkeit umzusetzen. Daher möchte ich Ihnen hier die drei wichtigsten Erkenntnisse der größten Studie über seelische und physische Gesundheit, der »Grant-Studie über Erwachsenen-Entwicklung« der Harvard-Universität, ans Herz legen:

1. Menschliche Beziehungen sind lebensnotwendig für uns. Dabei geht es nicht nur um die Bindung zum Lebenspartner, sondern vor allem um die Art der Beziehungen zu anderen Menschen, und zwar im Sinne von wertschätzenden und einfühlsamen Verbindungen. Freunde spielen daher so wie Familie und Partnerschaft eine zentrale Rolle. Menschen, die sich mit Freunden verbunden fühlen, sind glückli-

cher, gesünder und leben länger als isolierte, selbst wenn diese beruflich erfolgreicher und wohlhabender sind. Einsamkeit tötet uns. Einsame Menschen sind öfter und schwerer krank, ihre Gedächtnisleistung nimmt früher ab. Diese Fakten sind umso tragischer, wenn wir wissen, dass heute jeder fünfte Mensch an Einsamkeit leidet und es sehr wahrscheinlich ist, dass sich diese Tendenz in der Welt von morgen noch verschärfen wird.

2. Aber auch mit Freunden oder Partnern kann man einsam und unglücklich sein. Die Aufrechterhaltung einer lieblosen Ehe mit permanentem Konfliktpotenzial wirkt sich auf die Gesundheit meist belastender aus als eine Scheidung. Was zählt, ist nicht die Tatsache, verheiratet zu sein oder die Anzahl der Freunde, sondern die Qualität der Beziehungen.

3. Die Forscher konnten aufgrund der Daten sogar vorhersagen, welche Fünfzigjährigen im Alter von achtzig Jahren glücklicher und gesünder sein würden. Es zeigte sich, dass nicht die Cholesterinwerte entscheidend waren, sondern die Zufriedenheit mit den sozialen Beziehungen. Hatte man mit fünfzig eine liebevolle Ehe und enge Freunde, so war man mit achtzig Jahren höchstwahrscheinlich gesund und glücklich. Gute Freunde und Partnerschaften schützen unseren Körper nicht vor dem Älterwerden, sie sind aber sehr wohl wichtig für unsere Gehirnleis-

tung im Alter. Das Gefühl, dass jemand für uns da ist, wenn wir ihn brauchen, tröstet bei Gesundheitsproblemen und Gemütsschwankungen im Alter.

Die Studie beweist vor allem, dass gleichrangig mit glücklichen Ehen oder Partnerschaften wahre Freunde ausschlaggebend dafür sind, wie lange, wie gesund und wie glücklich wir leben werden. Die wahre Glückseligkeit liegt in der echten und tiefen Bindung mit anderen Menschen. Diese Erkenntnis scheint wenig überraschend, sie wurde nur selten so eindeutig wissenschaftlich bewiesen wie mit der Harvard-Studie. Das führt zu einer vielleicht überraschenden Frage am Ende dieses Kapitels über mentale Gesundheit: Warum behandeln wir unsere Freunde oft nur wie eine Nebensache? Was denken Sie?

1 Name geändert
2 ZOOM-Meeting mit Otto Scharmer am 21.6.2022
3 Name geändert
4 Martina Rammer-Gmeiner im Interview am 30.5.2023
5 Andreas Salcher: *Die große Erschöpfung – Und die Quellen der Kraft.* edition a. 2022.

Nutzen Sie die heilsam transformierende Kraft der Kunst als Gegenpol in einer technologischen Welt

»Jeder Mensch ist ein Künstler.«

Sätze wie dieser des deutschen Aktionskünstlers, Bildhauers und Kunsttheoretikers Joseph Beuys provozierten heftige Reaktionen. Beuys liebte es, zu irritieren und bestehende Denkmuster herauszufordern. Im Rahmen der *documenta 7* 1982 in Kassel startete Beuys seine Skulptur »Stadtverwaldung statt Stadtverwaltung« mit dem Ziel, 7.000 Eichen zu pflanzen, zu denen jeweils eine Basaltstele gesetzt wurde. Bei seinem Tod im Jahr 1986 waren es erst 5.500 Eichen, den letzten Baum pflanzte sein Sohn Wenzel während der *documenta 8* am 12. Juni 1987. Die Baum-Stein-Paare sind trotz der ursprünglich massiven Widerstände im Stadtbild von Kassel bis heute präsent. Warum dieses Beispiel aus den Achtzigerjahren? Lange Zeit bevor in der breiten Öffentlichkeit über Klimawandel und Flächenversiegelung diskutiert wurde, setzte Beuys diese künstlerische und ökologische Intervention mit dem Ziel, den urbanen Lebensraum nachhaltig zu verändern – ein visionärer Blick in die Zukunft, wie wir heute wissen. Joseph Beuys: »Sogar so eine vernünftige Sache wie das Pflanzen von Bäumen hat ja Proteste ausgelöst hier in Kassel. Also, wenn die Kunst an die Menschen herankommt heutzutage, vor allen Dingen mit ihren erneuernden Vorstellungen, dann haben schon Menschen oftmals ihre Schwierigkeiten damit. Das war mir immer klar.«[1]

Wer mehr über Beuys und vor allem über den Werdegang von dessen Schüler Gerhard Richter wissen will, dem sei der Film *Werk ohne Autor* von Florian Henckel von Donnersmarck empfohlen, der 2019 als bester fremdsprachiger Film für den Oscar nominiert wurde. Auch wenn die Protagonisten im Film anders heißen, geht es um den künstlerischen Werdegang von Gerhard Richter. Der Film ist besonders für Menschen, die sich bisher wenig mit Kunst beschäftigt haben, eine spannende Einführung in diese Welt. Der 91 Jahre alte Richter gilt als einer der teuersten und einflussreichsten lebenden Künstler der Welt. Sein Gemälde »4096 Farben« wurde im Mai 2023 in New York für rund 20,3 Millionen Euro versteigert.

Den Satz »Jeder Mensch ist ein Künstler« habe ich deshalb gewählt, weil sich über ihn so trefflich streiten lässt. Denn offensichtlich ist natürlich nicht jeder Mensch ein Künstler, der Malen, Schreiben, Fotografieren oder Tanzen als Beruf ausüben könnte. Fast niemand, der einen Tanz- oder Malworkshop besucht hat, ein Musikinstrument spielt oder Gedichte schreibt, ist ein Künstler. Aber in jeder Tätigkeit könnte ein Hauch von Kreativität, Fantasie und Großartigkeit entdeckt werden. Sobald man etwas mit Liebe, Leidenschaft und Überzeugung macht, entsteht Qualität. Dann kann auch aus einem Koch ein Künstler werden. Das Paradebeispiel dafür ist der ehemalige Tellerwäscher und Smutje auf einem Marineschiff, Ferran Adrià, der es in den Jahren 1983 bis 2011 schaffte, sein Restaurant »El Bulli« als Nummer eins in allen Gourmetführern der Welt zu etablieren. Adrià plant derzeit sein ehemaliges Restaurant in ein Museum umzugestalten, in dem man die legendäre Küche begehen und Fotos und Notizen anschauen kann, die die von Adrià patentierten 1.846 Gerichte illustrieren.

Wie erkennt man einen wahren Künstler?

Für den Maler Djawid Borower bedeutet Künstler zu sein, »dass ich mit meiner gesamten Existenz durch und durch in jeder Zelle Künstler bin. Ich setze mich ständig mit künstlerischen Fragen auseinander, ›Wie drücke ich mich aus?‹, ›Wie ist mein Bezug zur Welt?‹ oder ›Was ist überhaupt der Sinn?‹. All diese Frage durchdringen den Künstler, und zwar nicht nur zwei Stunden am Tag. Ein Künstler träumt auch von seiner Kunst. Künstler zu sein ist für mich kein Beruf, es ist eine Existenzform.«

Die Akademie der bildenden Künste in Wien verfügt als eine der ältesten Kunsthochschulen Europas über einen hervorragenden Ruf, der viele künstlerisch begabte Menschen anzieht, obwohl nur knapp zehn Prozent der Kandidaten, die sich der Zulassungsprüfung stellen, aufgenommen werden. Mein leider verstorbener Freund, der großartige Maler und begnadete Kunstvermittler Herwig Zens, hat mir dazu eine Geschichte über seine Tätigkeit in der Aufnahmekommission erzählt.

Eine junge Frau trat selbstbewusst in den Raum und setzte sich auf den ihr zugedachten Stuhl vor der Kommission. Traditionell wurde von Kandidaten erwartet, dass sie eine Mappe oder andere Dokumentationen ihrer Arbeit vorlegten. Die junge Frau antwortete auf die entsprechende Frage, dass sie keine Mappe vorlegen, dafür aber ein Drama vorlesen werde und begann sofort mit der Rezitation des offenbar von ihr selbst geschriebenen Textes. Nach zehn Minuten wurden die Kommissionsmitglieder ungeduldig und ersuchten höflich, doch zum Ende zu kommen. Die Frau antwortete: »Ich bin erst im zweiten Akt, als gebildete Menschen wissen Sie, dass ein klassisches Drama fünf Akte hat«, und setzte ihren Vortrag unbeirrt fort. Nach weiteren fünf Minuten forderte die Kommission entschieden, sie möge endlich zum Schluss kommen. Die Kandidatin war zumindest bereit, zum fünften und letzten Akt zu wechseln, in dem es um den Schöpfungsakt des Kosmos und der Welt ging. Als sie endlich geendet hatte, wollten die genervten Professoren wissen, was das Ganze sollte. »Ich bitte Sie nun, dass jeder von Ihnen ein Blatt nimmt und darauf ein Bild zeichnet oder malt, indem Sie die Gefühle ausdrücken, die mein Drama bei Ihnen ausgelöst hat. Wenn Sie dann fertig sind, ersuche ich Sie, Ihre Bilder wechselseitig zu bewerten. Diesem Urteil unterwerfe ich mich dann«, antwortete die junge Künstlerin ohne den geringsten Zweifel in ihrer Stimme, verabschiedete sich höflich, verließ den Raum und ließ die sprachlosen Professoren zurück.

Wie hätten Sie als Kommissionmitglied entschieden? Es wird Sie wenig überraschen, dass die junge Frau einstimmig von den Professoren aufgenommen wurde. Ihr »Werk« enthielt viele Elemente, die eine wahre Künstlerin kennzeichnen: die Fähigkeit, einen vorgegebenen Rahmen zu sprengen, zu irritieren und zu verstören, das Selbstbewusstsein gegenüber formalen Autoritäten, zu der eigenen Kunstform zu stehen, und letztlich das Wichtigste – Menschen zu berühren und deren Perspektive zu verändern. Von den Tausenden Bewerbungen, die Herwig Zens in seinen Jahren an der Akademie beurteilen musste, hat er diese junge Frau nie vergessen.

Der Weg vieler der bedeutendsten Künstler führte diese allerdings abseits der etablierten Institutionen wie von Kunstakademien zum Erfolg. Der britische Maler Francis Bacon, der afroamerikanische Maler und Zeichner Jean-Michel Basquiat, der französische Maler, Bildhauer und Performancekünstler Yves Klein oder der Tänzer und Regisseur rumänischer Herkunft Daniel Spoerri sind Beispiele für Autodidakten, die nie eine Kunstausbildung absolviert haben.

In den Gesprächen mit den Popper-Schülern und jenen von St. Afra fällt auf, wie viele von ihnen die knappe Zeit nutzen, um selbst künstlerisch tätig zu sein, indem sie ein Instrument spielen, Filme produzieren, einer Theatergruppe angehören oder indem sie sich mit Kunst ernsthaft auseinandersetzen. Die Bedeutung, die Kunst im Leben vieler Schüler spielt, hat mich überhaupt erst zu der These »Nutzen Sie die heilsam transformierende Kraft der Kunst als Gegenpol in einer technologischen Welt« geführt.

Zwei Beispiele von vielen: Florian Brosch spielt schon seit der Volksschule Blockflöte und beschloss nach der Matura, dieses Fach an der Musikuniversität zu studieren.

Zusätzlich begann er dann ein Medizinstudium. Die unkonventionelle Kombination von sehr unterschiedlichen Studienrichtungen zeichnet sich bei immer mehr Maturanten ab.

Alessandro Rodia singt, seit er sieben Jahre ist, in der Volksoper in Wien, ursprünglich im Kinder-, mittlerweile schon im Jugendchor: »Die Proben oder Auftritte sind wie der Eintritt in eine ganz andere Welt für mich. Man steht auf der Bühne und dann ist alles andere vergessen.«

Geschichten über die Verführung durch die Kunst

Da jeder Mensch einen persönlichen Zugang zu Kunst hat, habe ich mich entschieden, in diesem Kapitel zwei Geschichten zu erzählen, wie ich die transformative Kraft der Kunst erleben durfte.

Beim ersten Waldzell Meeting im Jahr 2004, einem internationalen Dialog zum Thema »Sinn des Lebens« im Benediktinerstift Melk, standen wir vor der Aufgabe, die Teilnehmer nicht nur intellektuell zu fordern, was aufgrund von drei teilnehmenden Nobelpreisträgern nicht schwierig schien, sondern sie auch emotional zu berühren und aus ihrer Komfortzone zu locken. Kunst erwies sich dafür als geeignetes Mittel. Der Leiter des Schönberg Chors, Erwin Ortner, begann mit leichten Klangmodulationen die Stimmen der 180 Teilnehmer im barocken Kolomanisaal des Stifts zu aktivieren. Es gelang ihm trotz anfänglichem Zögern, alle im Auditorium zum Mitmachen zu gewinnen. Dann teilte er die Anwesenden in drei Gruppen, übte mit ihnen einen lateinischen Choral ein und dirigierte diesen dann in einer furiosen Darbietung. Mit Ausnahme des anwesenden Weltklasse-Baritons Thomas Hampson hatten wahrscheinlich nur ganz wenige Teilnehmer in den letzten Jahren aus vollem Leib und mit ganzer Seele gemeinsam mit anderen gesungen.

»Kunst kommt nicht vom Können, sondern vom Müssen«

Die tiefere Bedeutung dieses Satzes von Arnold Schönberg wurde mir erst durch meine Begegnungen mit dem Künstler-Ehepaar Christo und Jeanne-Claude bewusst. Für die beiden bestand Kunst aus keinen Dingen, die man kaufen konnte, sondern aus dem Prozess der Vorarbeit und den Gefühlen, die sie bei den Menschen auslösen. 24 Jahre dauerte es, bis sie ihr Projekt »Verhüllter Reichstag« verwirklichen konnten. Alle, die live dabei waren, bestätigten die fast heilige Atmosphäre, die auf dem Platz herrschte. In meinen Gesprächen mit Christo vermied ich aufmerksam das Wort »Verpackungskünstler«, weil ich wusste, dass er das ablehnte, durchaus mit Humor. So fragte ihn in London ein Student, warum er eigentlich immer das Gleiche mache, indem er alles verhülle. »Das stimmt doch nicht«, entgegnete ihm Christo. Doch der Student blieb hartnäckig und erwiderte: »Nun gut, was ist der Unterschied zwischen einem verhüllten Fahrrad und einer verhüllten Frau?« – »Junger Mann, wenn Sie diesen Unterschied nicht sehen, dann haben Sie ernsthafte Probleme!«, antwortete ihm Christo.

Wer sich mit dem Werk von Christo und Jeanne-Claude beschäftigt, weiß, dass sie niemals etwas zweimal machen. Ein eindrucksvolles Beispiel dafür war, als sie den New Yorker Central Park im Jahr 2005 mit den safrangelben »Gates« in ein Gesamtkunstwerk verwandelten. Jeder Schritt im Central Park veränderte die individuelle Perspektive und damit auch das Kunstwerk. 16 Tage lang waren die 7.503 »Gates« zu sehen. 26 Jahre hatten beide dafür gekämpft, länger als für den Berliner Reichstag. Das lag daran, dass sie darauf bestanden, während der 16 Tage die totale Kontrolle über den Central Park zu haben, die ihnen erst Bürgermeister Michael Bloomberg gewährte. Sie befürchteten, dass ihr Projekt sonst für kommerzielle Projekte missbraucht werden könnte. Wenn ich von meinem Schreibtisch auf die Wand vor mir blicke, hängt dort eine von Christo und Jeanne-Claude signierte Fotografie von »The Gates«, die sie mir nach ihrer Teilnahme am Waldzell Meeting 2006 schenkten. Ihr Auftritt war polarisierend. An die Worte von Jeanne-Claude kann ich mich gut erinnern: »Kunst hat absolut keinen wie auch immer gearteten Zweck, außer ein Kunstwerk zu sein. Wir schaffen Kunstwerke voll Freude und Schönheit für uns, und nicht zum Wohle der Menschen. Wenn die Menschen sich daran erfreuen, dann ist das ein Bonus, nicht mehr und nicht weniger. Kunst ist etwas Unerklärbares. Es hat nichts mit Gut und Böse zu tun, oder mit dem Bedürfnis, die Menschen besser zu machen, oder besser zu leben. Kunst ist völlig irrational, niemand braucht einen Talvorhang.[2] Die Welt kann ohne diese Projekte leben, nur wir selbst brauchen sie.«

Nach ihrer Präsentation, die mich zutiefst berührte, gab ich wie die Hälfte des Auditoriums »Standing Ovations«, während die anderen ratlos sitzen blieben, weil bei ihnen nur Unverständnis und Verwirrung herrschte. Ich lernte: Selbst bei zwei der berühmtesten Künstler der Welt gibt es keine »Transformationsgarantie«. »Die Kunst ist eine Sache des Augenblicks, so wie auch im Leben nur der Augenblick zählt. Wenn man jemandem einen Regenbogen zeigt, dann wird er auch nicht antworten: ›Den schaue ich mir erst morgen an‹«, hat Christo gesagt. Das Sichtbare im Werk von Christo und Jeanne-Claude ist immer nur wenige Tage zu sehen, die Wirkung des Unsichtbaren hat sie beide auch nach ihrem Tod überlebt.[3]

Wie Sie selbst die heilsame Kraft der Kunst erleben können

Diese zwei persönlichen Geschichten könnten Sie inspirieren, sich intensiver auf das Abenteuer Kunst einzulassen. Sollten Sie mit zeitgenössischem Tanz nichts anfangen können, gibt es die Chance, dass Sie mit ein bisschen Offenheit von der Choreografie Pina Pauschs berührt werden. Ob Sie wohlinformiert über die Komplexität sind, die in den Filmen von Stanley Kubrick steckt oder nicht, die ikonische Anfangsszene von *2001: Odyssee im Weltraum*, in der ein Affe die Macht entdeckt, mit der man einen Knochen als Waffe nutzen kann, diesen in den Himmel schleudert und der Knochen sich in einem Meisterfilmschnitt in ein drehendes Raumschiff im All verwandelt, wird Sie nicht gleichgültig lassen. Vor allem wenn Sie bedenken, dass der im Jahr 1968 uraufgeführte Film genau die Frage nach der Macht des Computers über den Menschen aufwarf, über die wir heute 55 Jahre später anlässlich von KI heftig diskutieren. Wer zeitgenössisches Theater ablehnt und trotzdem »Alma – A Show Biz ans Ende« in der Regie von Paulus Manker besucht, wird sich plötzlich selbst als Teil in der aufwühlenden Lebensgeschichte von Alma Mahler-Werfel wiederfinden und be- oder entgeistert sein, das Stück noch dreimal besuchen oder in der Pause flüchten. Für große Literatur gibt es oft den falschen und den richtigen Moment im Leben, indem sie einen langweilt oder verzaubert. Wer sich als Schüler durch Hermann Hesses Roman *Das Glasperlenspiel* durchquält, weil er auf einer Literaturliste steht, mag zwanzig Jahre danach »den Zauber, der in jedem Anfang währt« für sich neu entdecken, wenn er überrascht erkennt, dass das Buch nicht nur aus einem Teil, der Lebensgeschichte des Josef Knecht, sondern aus dreien besteht. Im zweiten Teil finden sich einige der wunderbarsten Gedichte Hesses wie »Stufen« und im dritten Teil geheimnisvolle Lebensläufe, die es zu entschlüsseln gilt.

Im Glücksfall ermöglicht die Auseinandersetzung mit Kunst den Menschen eine Kultivierung ihrer Sinnesorgane, die in der Kindheit stark ausgeprägt sind, aber oft im Laufe ihres Lebens abstumpfen. Selbst Kunst zu machen ist ein ganz anderes Erlebnis, als sich von den Werken anderer inspirieren zu lassen. Eine Möglichkeit besteht darin, verschiedene Dinge wie Zeichnen, Tanzen, Schreiben oder Fotografieren einmal auszuprobieren, ohne Ansprüche an das Ergebnis zu stellen. Der Schaffensprozess selbst kann uns transformieren.

David Wittmann hat den Anspruch, am Klavier technisch perfekt zu spielen, schon lange aufgegeben, weil er kein Konzertpianist werden will: »Ich will Musik für mich machen können und meine Fähigkeiten reichen aus, um die Lieder, die mir gefallen, die Melodien, die mir gefallen, auf dem Klavier zu spielen. Wenn ich ein Lied einmal gelernt habe, dann spiele ich es ein paar Mal und die ersten zwei Tage fühle ich sogar eine leichte Euphorie. Aber dann erlischt dieser Effekt wieder und ich warte, bis die nächste Melodie kommt, die ich genauso schön finde, um sie wieder zu lernen. Es ist so ein Gefühl von Losgelassenheit, das mir hilft, in die Leichtigkeit zu kommen und mal abzuschalten.«

Gerade weil heute die Gefahr erkennbar ist, dass die gesellschaftliche Entwicklung sich immer stärker in Richtung technologischer Dominanz bewegt, brauchen wir die Kunst und unseren Körper als Gegengewicht, um nicht von der Macht der in den (Sozialen) Medien produzierten Dummheit und Irrelevanz erschlagen zu werden. Vielleicht ist die Kunst das Einzige, das von uns Menschen in Zeiten von KI erhalten bleibt. Kunst wirft uns auf unsere Essenz, auf das, was wir wirklich sind, zurück. Interessanterweise fordern sogar die Schöpfer von KI wie die Technikchefin von ChatGPT Mira Murati, dass Philosophen und Künstler in die Entwicklung eingebunden werden müssen. Die Freude am Denken, die Freude am Formulieren, die Freude, eine Herausforderung anzupacken, die Freude, uns auf einen Prozess mit ungewissem Ausgang einzulassen, kann uns keine Maschine wegnehmen. In jeder Profession gibt es ein Spitzenniveau. Der enorme technologische Fortschritt wird auf allen Gebieten noch stärker die Spreu vom Weizen trennen, die Reproduzierenden von den Schaffenden.

Erschafft Künstliche Intelligenz Kunst?

Mit diesem Thema hat sich der St.-Afra-Schüler Lasse Höhle beschäftigt und kommt zu folgendem Schluss: Durch KI generierte Kunst ist dann keine Kunst, wenn die Vielschichtigkeit und Persönlichkeit des Künstlers fehlen. Entscheidend sei die Intention, mit der ein Künstler KI verwendet, ob er diese als Werkzeug zur Umsetzung seiner Idee nutzt oder sie einfach irgendetwas produzieren lässt. Kunst ist für ihn nicht der Gegenpol zur Technologie, sondern wir brauchen diese, um unser Verhältnis als Menschen zur Technologie zu positionieren. Kunst kann helfen, immer wieder zu hinterfragen, welcher technologische Fortschritt tatsächlich der Menschheit dient. Letztlich geht es um die Frage: Wer ist der Herr und wer der Knecht?

»Nicht die sind zu bedauern, deren Sehnsüchte nicht in Erfüllung gehen, sondern diejenigen, die keine mehr haben«, hat Marie von Ebner-Eschenbach gesagt. Die Auseinandersetzung mit Kunst kann zwei große Sehnsüchte befriedigen: Die eine Sehnsucht ist die nach Schönheit. Und die andere Sehnsucht ist die nach Sinn.

Fragen, die Ihnen dabei helfen könnten, näher an den Rand Ihrer Sehnsüchte zu gelangen:

Zu welcher Kunstrichtung haben Sie noch keinen Zugang gefunden, vielleicht sollten Sie genau mit dieser anfangen?

Haben Sie schon einmal mit leuchtenden Acrylfarben auf einer echten Leinwand gemalt?

Gibt es ein Buch, das Sie beim ersten Mal Lesen weggelegt haben und das Sie dann Jahre später beim zweiten Anlauf mit viel Freude erfüllt hat?

Wann hat Kunst Sie das letzte Mal in Ihrem Innersten berührt?

Wann haben Sie das letzte Mal mit einem Künstler gesprochen?

Gibt es zumindest einen Künstler in Ihrem Bekanntenkreis?

Dieses Kapitel handelt von der heilsam transformierenden Kraft der Kunst. Vielleicht empfinden Sie das Wort »heilsam« als überhöht? Nun, es stammt nicht von mir, sondern vom MIT-Systemforscher Otto Scharmer, keinem Künstler, sondern einem Ökonomen. Er hat in einem Gespräch mit mir einen inspirierenden Satz gesagt, den ich Ihnen nicht vorenthalten möchte:[4] »Die einzig heilsam transformierende Kraft ist die Kunst.«

Scharmer meint damit, dass Kunst uns Zugänge zu all unseren Sinnesorganen verschafft, um diese zu kultivieren. Wir Menschen verfügen über ästhetische und soziale Kompetenzen, die Maschinen nicht haben. Diese Kompetenzen können auch in Zeiten, in denen sich die Gesellschaft sehr an der technologischen Entwicklung orientiert, nicht durch Algorithmen erschlagen werden.

1 WDR-Interview am 16.3.1982

2 Von 1970 bis 1972 realisierten Christo und Jeanne-Claude unter großen technischen Schwierigkeiten ihr Projekt »Valley Curtain«. Dabei sollte ein Vorhang durch ein 400 Meter breites Tal der Rocky Mountains in Colorado gespannt werden. Der orangenfarbene Vorhang erreichte eine Höhe von bis zu 111 Metern.

3 Jeanne-Claude, geboren als Jeanne-Claude Denat de Guillebon am 13. Juni 1935 in Casablanca, starb am 18. November 2009 in New York City. Christo, geboren als Christo Vladimirov Javacheff am 13. Juni 1935 in Gabrowo, Bulgarien, starb am 31. Mai 2020 in New York City. Auffallend ist, dass sie beide genau am selben Tag im Jahr 1935 geboren wurden, was sie als Zeichen einer besonderen Verbundenheit interpretierten.

4 ZOOM-Meeting mit Otto Scharmer am 21.6.2022

Verlassen Sie die Komfortzone, dort könnte es ungemütlicher werden

»Es ist ein Gesetz im Leben: Wenn sich eine Tür vor uns schließt, öffnet sich eine andere. Die Tragik jedoch ist, dass man meist nach der geschlossenen Tür blickt und die geöffnete nicht beachtet.«

Andre Gidé, französischer Schriftsteller

Wir lieben Überraschungen – aber nicht wirklich. In Wahrheit mögen wir nur angenehme Überraschungen. Davon gab es in den letzten Jahren sehr wenige. Coronaviren, Lockdowns, der Krieg in der Ukraine, die Geldentwertung haben fast alle Menschen aus ihrer Komfortzone gerissen. Unsichtbar, aber immer deutlicher in ihren Auswirkungen spürbar, schwebt das Damoklesschwert des Klimawandels über uns. Es deutet wenig darauf hin, dass die nächsten Jahre freundlicher oder zumindest stabiler werden.

Der Bericht »Global Trends 2040« des National Intelligence Council vom März 2021 entwirft fünf Zukunftsszenarien für die kommenden zwei Jahrzehnte.[1] Nur ein einziges davon mit dem Titel »Die Rückkehr der Demokratien« klingt einigermaßen positiv, die anderen sehen gewaltige Bedrohungen auf uns zukommen, und zwar unabhängig davon, wo wir leben: Ungleichheit beim Einkommen verschärft die Armut und die sozialen Konflikte, private und staatliche Überschuldung wächst gefährlich, ständige

Krisen destabilisieren die Finanzsysteme, dazu kommen neue globale Pandemien, die Gefahren der Künstlichen Intelligenz sowie die Rivalität der großen Machtblöcke. Wer nicht der »Vogel-Strauß-Strategie« vertraut, sondern sich mit diesen Szenarien ernsthaft auseinandersetzen will, dem sei Nouriel Roubinis Buch *Megathreats: 10 Bedrohungen unserer Zukunft – und wie wir sie überleben* empfohlen.[2] Roubini analysiert darin Gefahren, die in ihrer Wechselwirkung verheerende Folgen haben könnten. Achtung, gegen dieses Buch sind die Romane von Franz Kafka heitere Erbauungsliteratur. Immerhin zeigt Roubini auch die Chance, wie wir das Ruder durch entschiedenes Handeln noch rumreißen könnten.

Ich bin grundsätzlich kein Pessimist und möchte Sie nicht in Depressionen stürzen. Dieser Einstieg soll nur die Plausibilität der Kapitelüberschrift belegen: In der Komfortzone wird es ungemütlicher werden. Doch wie können wir lernen, damit umzugehen? Denn freiwillig bewegt sich fast niemand aus seiner Komfortzone, selbst wenn er sich dort schon lange nicht mehr wohlfühlt.

Alessandro Rodia bringt dieses Dilemma auf den Punkt: »Wenn man selbst auf den Klimademonstrationen seinen Müll auf den Boden schmeißt oder in die Ferien nach Spanien fliegt, dann bringt das absolut nichts. Ein Anfang ist zumindest einmal, auf sich selbst zu schauen, anstatt nur zu reden. Dieses Bewusstsein sehe ich schon in meiner Generation. Es wird nur dauern, bis jeder draufkommt, dass die großen Probleme wie der Klimawandel gelöst werden müssen. Allerdings bin ich sehr optimistisch bezüglich der Technologien, die wir bereits haben und die wir in den nächsten Jahren erforschen werden.«

Wähle immer den Weg, vor dem du am meisten Angst hast

Sosehr ich von der Richtigkeit dieses Sinnspruchs überzeugt bin, so genau weiß ich, wie schwer es ist, die eigene Komfortzone zu verlassen und sich freiwillig auf unbekanntes Terrain zu begeben. Es ist eher das Schicksal, das uns mit Krankheiten, Kündigungen, Scheidungen oder Pandemien sowie Wirtschaftskrisen zwingt, »bei jedem Lebensrufe bereit zum Abschied (zu) sein und Neubeginne, um sich in Tapferkeit und ohne Trauern in andre, neue Bindungen zu geben«, wie das Hermann Hesse so poetisch in seinem Gedicht »Stufen« formuliert.

Die Komfortzone ist für jeden Menschen etwas anderes. Was für den einen selbstverständlich und angstbefreit ist, zum Beispiel hohe Berge zu bezwingen oder fremde Menschen anzusprechen, stellt für andere einen Akt der Überwindung dar. Gäbe es eine mathematische Formel, mit der sich die Wahrscheinlichkeit berechnen ließe, wann Menschen sich aus der eigenen Komfortzone hinauswagen, könnte diese so aussehen: Der Aufbruch aus der Komfortzone erfolgt, sobald das Risiko, darin zu verharren, größer ist, als sie zu verlassen.

Der Mut, den ersten Schritt zu wagen

Laurenz Frenzel hat sich lange als sehr schüchtern emp-funden: »Als ich an einem deutschlandweiten Wettbewerb teilgenommen habe, musste ich fünf Stunden mit dem ICE hinfahren, völlig verunsichert von dem Gedanken, dass ich dort niemanden kennen werde. Am Anfang der Veran-staltung bin ich dann einfach auf eine Gruppe zugegangen und habe gefragt, ob ich mich dazusetzen kann. Das klingt heute total banal, aber mir hat dieser kleine Schritt gehol-fen, um das Eis, das zwischen mir und fremden Menschen lag, zu brechen. So habe ich mir, diese für viele andere selbstverständliche Fähigkeit, auf neue Leute zuzugehen, sie kennenzulernen und Freundschaften zu entwickeln, angeeignet.«

Folgende Voraussetzungen sind hilfreich, um den Weg aus der eigenen Komfortzone zu schaffen:

1. Der individuelle Mut, den ersten Schritt in das Frem-de zu wagen. Wie beim allerersten Sprung vom Fünf-Meter-Brett im Schwimmbad muss man die Entschei-dung treffen, Schritt für Schritt loszugehen und dann zu springen.

2. Die Unterstützung durch eine Gemeinschaft hilft fast immer, den ersten Schritt zu wagen. Rhetorik vor der Kamera lernt man am besten in der Gruppe. Wildfremde Menschen auf der Straße um eine Spen-de für eine wohltätige Organisation anzusprechen

fällt leichter im Team, weil man dann gemeinsam
Erfolge feiern und über Misserfolge lachen kann.

3. Die eigene Bereitschaft, gespannt zu hören und zu
   sehen, was Neues passiert und wie es die eigenen
   Sichtweisen verändert. Die im Kapitel über »Die
   Kunst des echten Dialogs« beschriebenen vier dialogischen Kompetenzen sind ein Wegweiser, um die
   vielen Angebote, die außerhalb der Komfortzone liegen, auch wahr- und annehmen zu können.

Der Aktionsforscher am MIT Otto Scharmer nennt diese
Kompetenz »Action Confidence«: die Fähigkeit, in neue,
unbekannte Gebiete einzutreten. Doch warum fällt uns
dieser erste Schritt aus der Komfortzone so schwer?

Die Theorie U – warum der Weg in die Zukunft eine Kurve macht

Auf persönlicher Ebene übersteigt unser Glaube, daran etwas verändern zu können, unsere Fähigkeit dazu um ein
Vielfaches. Wer glaubt, allein mit Willenskraft aus seiner
Komfortzone zu entkommen, übersieht leider, dass ihn
alle ungelösten Probleme, hemmenden Glaubenssätze und
dunklen Flecken der Vergangenheit als treue Gefährten begleiten werden. Wir haben eine Geschichte, die wir nicht
von Anfang an löschen und einfach in eine bessere Richtung
weiterschreiben können. Wann immer wir versuchen, unser
Leben neu zu gestalten, ohne auf das Vorhandene Rücksicht

zu nehmen, wird uns die Realität schneller und härter einholen, als uns lieb ist. Das gilt ebenfalls für angestrebte Veränderungen von Unternehmen, die aus ihrer Komfortzone in eine hoffnungsvolle Zukunft aufbrechen wollen.

Der traditionelle Ansatz dafür verläuft in vier Phasen:

1. Identifizieren wir die Probleme unserer Organisation.

2. Finden wir einen externen Experten.

3. Sagen wir jedem in der Organisation, was er in Zukunft anders und besser machen muss.

4. Bekämpfen wir alle Widerstände, die wir in den ersten drei – vor allem in der Stufe drei – ausgelöst haben.

Genau wegen dieser Vernachlässigung der komplexen Realität von Organisationen misslingen meist gut gemeinte Ziele, Organisationen in eine positive Richtung zu verändern. »Die Organisationskultur verspeist jede Strategie zum Frühstück«, lautet eine Managementweisheit.

Die am MIT von Otto Scharmer entwickelte Theorie U zielt darauf ab, eine tiefere und ganzheitlichere Sichtweise zu entwickeln, die ein System als Ganzes betrachtet und die Beziehungen und Zusammenhänge für alle Beteiligten erleb- und nachvollziehbar macht. Klingt kompliziert? Ist es auch. Nachhaltige Transformation von Personen, Organisationen und der Welt erfordern intensive Prozesse, die immer den Einzelnen und seine eigene Veränderungsbereitschaft zum Ausgangspunkt machen, während traditionelle Veränderungsstrategien oft auf scheinbar rationalen Annahmen beruhen.

Die Theorie U ist ein Prozess mit dem Ziel, die Welt, wie wir diese in der gegenwärtigen Realität sehen und wie sie in Zukunft sein könnte, in Einklang zu bringen. Mit unseren Ängsten und Sehnsüchten stehen wir genau zwischen jenen beiden Spannungsfeldern der Gegenwart und Zukunft. Wie gehen wir mit Umbruchssituationen um, wenn die Zukunft anders sein wird als die Gegenwart und wir uns dafür öffnen müssen? Das hierzu notwendige Wissen zugänglich und nutzbar zu machen ist Inhalt spezieller Individual- und Gruppenübungen entlang eines u-förmig verlaufenden Transformationsprozesses. Er durchläuft folgende Phasen:

Quelle: Otto Scharmer: U-Theorie, 2009

Die U-Kurve besteht aus drei Phasen: Herunterladen, Eintauchen und Aufsteigen.

In der ersten Phase, dem Herunterladen von alten Mustern, lenken wir die Aufmerksamkeit bewusst auf den aktuellen Zustand und die bestehenden Herausforderungen. Dabei werden Vorannahmen und Überzeugungen infrage gestellt, um neue Perspektiven zu gewinnen.

In der zweiten Phase, dem Eintauchen, soll es durch Hinhören, Spüren und Ahnen möglich werden, die Perspektiven anderer Menschen einzubeziehen, um ein tieferes Verständnis der Situation zu erlangen und der eigenen Intuition Raum zu geben.

In der dritten Phase, dem Aufsteigen, werden Visionen entwickelt und verdichtet, um diese dann in Prototypen zu testen. Dadurch entsteht positive Veränderungsenergie der Beteiligten mit dem Ziel, gemeinsam eine neue positive Zukunft zu erschaffen.

Die Theorie U basiert auf der Annahme, dass Veränderungen nicht nur äußerlich, sondern vor allem innerlich stattfinden müssen. Das erfordert eine Erweiterung des Bewusstseins sowie eine Sensibilisierung der eigenen Wahrnehmung und Handlungen. Daher ist das Presencing, das Vergegenwärtigen des eigenen Selbst, am Umkehrpunkt der U-Kurve so entscheidend. Meditation, Achtsamkeitsübungen, Yoga, Fasten, Kampfsport usw. erweisen sich hierbei als hilfreich, um aus der intellektuellen Komfortzone zu gelangen und sich wieder selbst besser zu spüren. So können wir eine Brücke von unserem derzeitigen Selbst zu einem neuen bilden.

Otto Scharmer ist optimistisch, dass vor allem die Forschungsergebnisse auf den Gebieten der Gehirnplastizität, der nachgewiesenen Wirkung von Achtsamkeitsübungen sowie der Weiterentwicklung der Emotionalen Intelligenz die breitflächige Umsetzung der Theorie U wesentlich begünstigen. In Zeiten zunehmender Disruption ist das Einzige, worauf wir Einfluss nehmen können, unsere innere Reaktion auf diese: Erstarren wir vor Angst, verschließen wir uns und beharren wir auf gewohnten Verhaltensweisen, selbst wenn sie nachweisbar kontraproduktiv sind? Oder schaffen wir es, das Alte loszulassen und uns für das Neue zu öffnen? Nur wer jene gegensätzlichen starken Kräfte in sich selbst und in sozialen Systemen versteht, kann sie berücksichtigen und überwinden. Für viele der in diesem Buch geschilderte Themen wäre der in der Theorie U beschriebene Prozess hilfreich, um von den Denkweisen von heute in die von morgen zu kommen. Die Zukunft gehört Menschen, die in Systemen denken können.

Entdecken Sie die Zukunft dort, wo sie schon stattfindet

> *»Die meisten Menschen überschätzen, was sie in*
> *einem Jahr erreichen können, und unterschätzen,*
> *was sie in zehn Jahren erreichen könnten.«*

> Bill Gates

Niemand weiß, was in Zukunft passieren wird. Wie kommt man trotzdem in Kontakt mit zukünftigen Entwicklungen? Man geht dorthin, wo die Zukunft schon stattfindet, zum Beispiel kann man sich kostenlose TED-Talks ansehen.[3] So hatte ich die Möglichkeit, im Jahr 2015 in Vancouver beim mittlerweile legendären TED Talk von Bill Gates mit dem Titel »Der nächste Ausbruch trifft uns unvorbereitet« dabei zu sein. Dort belegte Gates mit Zahlen, Daten und Fakten, dass Viren die größte Bedrohung für die Menschheit seien. Er berichtete von seinen Erfahrungen mit dem Ebola-Ausbruch 2014 in Afrika, bei dem er hautnah erleben musste, wie schlecht die Welt auf Pandemien vorbereitet ist. Auf YouTube gibt es ein umfassendes Angebot von Vorträgen visionärer Persönlichkeiten zu allen Themen. Es geht darum, sich mit den Kräften zu verbinden, die die Zukunft schon heute repräsentieren. Genau das habe ich in dem Buch versucht, indem ich intensiv die Entscheidungsträger von morgen beobachtet habe, um von ihnen zu lernen.

Caro Terkamp: »Wenn ich die Zukunft von morgen sehen möchte, dann muss ich nur heute die ›Tagesschau‹

anschauen. Oder ich surfe durch das Internet, stoße auf Verschwörungstheorien, beobachte das Wachstum dieser Szene und kann mir die Auswirkungen auf Rechtsstaat und Demokratie ausmalen. Manche Telegram-Gruppen bieten einen dystopischen Ausblick auf eine Zukunft, die heute schon stattfindet. So muss es aber nicht werden. Welche Entscheidungen ich selbst heute treffe, beeinflusst natürlich mein Morgen.«

Führt man Caros Terkamps Gedanken fort, so öffnet sich ein weites Feld dafür, wo wir heute die Zukunft schon erleben können. Wer wissen will, wie Künstliche Intelligenz seine Welt verändern wird, für den reicht es nicht, darüber zu lesen, sondern er muss selbst mit ChatGPT und GPT-4 experimentieren und sich mit kompetenten Menschen auf jenem Gebiet unterhalten. Wer glaubt, dass die Fähigkeit zum echten Dialog für ihn selbst wichtig sein wird, der kann als Einstieg ein Seminar über »gewaltfreie Kommunikation« besuchen, um die Konflikte mit seinem Partner konstruktiver zu lösen. Gemeinsam lässt sich die Zukunft freudvoller erforschen. Es gibt viele Gruppen, die etwa ihren eigenen »Klub der Freundinnen der Zukunft« gegründet haben und einmal im Monat einen interessanten Experten einladen. Hören Sie sich einmal in Ihrem Umfeld um, Sie werden überrascht sein, was es da alles gibt. Sie können auch selbst initiativ werden. Der Einstieg kann ein Abendessen sein, das Sie unter ein interessantes Motto stellen und zu dem Sie ein Runde von Menschen einladen, die sich vorher noch nie gesehen haben. Vorschläge für Themen finden Sie mehr als genug, indem Sie die Kapitelüberschriften im Inhaltsverzeichnis lesen. Welches Thema interessiert Sie selbst, Ihren Partner, Ihre besten Freunde am meisten?

Ein Gedankenexperiment, erster Teil: Stellen Sie sich vor, jemand würde Ihnen 50.000 Euro anbieten, die Sie nur dafür ausgeben dürften, mehr über die Zukunft zu lernen. Sie könnten jeden Experten einladen, überall hinreisen, jeden Lehrgang besuchen. Was würden Sie mit dem Geld machen, um der Zukunft dort zu begegnen, wo sie heute schon passiert?

Ich habe diese Frage David Wittmann gestellt: »Ich denke, ich würde in die Zentren fliegen, die derzeit führend sind in Fragen wie KI und Robotik, einfach insgesamt in Informationstechnologie. Eine Studienreise ins Silicon Valley wäre sicher spannend, dort an Führungen teilzunehmen, bei Präsentationen von Start-ups dabei zu sein, eine der berühmten Unis wie Stanford oder das MIT zu besuchen, mit den für Innovation verantwortlichen Menschen in Unternehmen zu reden. Dann würde ich nach Singapur fahren, vielleicht nach Tokio oder nach Taiwan. Genauso zu den großen Zentren, wo die Technologien der Zukunft gebaut werden, vor allem SpaceX, um da etwas darüber zu erfahren, wie Weltraumreisen später aussehen werden, was das Ziel dahinter ist. Im ersten Schritt möchte ich mehr über die wichtigsten Entdeckungen und Technologien der Zukunft lernen, die unser Leben am stärksten verändern werden.«

Im zweiten Teil dieses Gedankenexperiments habe ich David Wittmann gefragt: »Und wenn du keine 50.000 Euro hättest, was könntest du dann tun?«

Nach kurzem Nachdenken antwortete er: »Dann könnte ich das Gleiche im Internet machen. Ich bin selbst nicht auf den Gedanken gekommen, aber eigentlich wäre es möglich, fast alles über öffentlich zugängliche Quellen im Internet herauszufinden. YouTube ist eine unerschöpfliche Quelle für inspirierende Vorträge über alle Themen, die mich faszinieren. Innovative Unternehmen bieten virtuelle Führungen an, man kann sich über Newsletter laufend über aktuelle Entwicklungen informieren.«

»Die wahre Großzügigkeit der Zukunft gegenüber besteht darin, in der Gegenwart alles zu geben.«

Albert Camus

1 »Global Trends 2040: A More Contested World«. National Intelligence Council. März 2021.
2 Nouriel Roubini: *Megathreats: 10 Bedrohungen unserer Zukunft – und wie wir sie überleben.* Ariston. 2022.
3 TED (Abkürzung für Technology, Entertainment, Design) ist eine alljährliche Innovations-Konferenz, die in den letzten Jahren in Vancouver veranstaltet wurde. Die Vorträge, die sogenannten TED-Talks, werden kostenlos auf der Website www.ted.com angeboten.

Ein neues Leistungsverständnis: Geben Sie Ihr Bestes nach Ihren eigenen Maßstäben

»Viele Menschen suchen nach dem Glück wie ein Betrunkener nach seinem Haus. Sie können es nicht finden, aber sie wissen, dass es existiert.«

Voltaire

Florian Brosch über seine Vorbereitung auf den Medizin-Aufnahmetest: »Meine Benchmark war, in jedem einzelnen Teilbereich am besten abzuschneiden und hundert Prozent zu erreichen, mit allem darunter war ich beim Üben unzufrieden. Im Endeffekt ist es dann bei meinem Erstantritt Platz zwanzig von zirka 8.400 Bewerbern geworden. Meine Devise war, mich in der Vorbereitung unerbittlich zu verbessern, um dann umso selbstsicherer und daher gelassener den Testtag zu bewältigen. Diese Balance zwischen Selbstbestimmung und Leistungsorientierung ist mir für meine Zukunft ganz wichtig. Ich möchte nicht ein Leben führen, wo ich immer nur arbeite und eingespannt bin. Trotzdem absolviere ich zwei parallele Studien, Blockflöte als Konzertfach an der MUK, dem ehemaligen Konservatorium der Stadt Wien, und Medizin an der Medizinischen Universität Wien. Zusätzlich arbeite ich in einem Nebenjob und engagiere mich als freiwilliger Rettungssanitäter. Ich habe das alles so für mich selbst entschieden, deshalb macht es mir Freude.«

Die interviewten Schüler zeigten ein ambivalentes, teilweise widersprüchliches Verhältnis zu Leistung. Das bedeutet für sie durchaus hohen Aufwand, aber nicht um jeden Preis. Das Privatleben mit ausreichend Zeit für sich selbst ist ihnen wichtig. Beobachtet man ihr tatsächliches Verhalten, zeigt sich ein Bild, das sich vor allem in der Bereitschaft, Spitzenleistungen zu erbringen, vom Durchschnitt der Generation Z, der sie angehören, unterscheidet. Ihre sehr hohe Leistungsorientierung beweisen Popper-Schüler und Afraner schon dadurch, dass sie sich einem sehr selektiven Aufnahmeverfahren stellen und dann in eine echte Ganztagesschule gehen, in der auch samstags unterrichtet wird. Das heißt, für sie ist die Sechs- und nicht die Viertagewoche Realität, obwohl sie Letztere in ihren Aussagen befürworten. Fragt man jene Absolventen, die bereits studieren, wie viele Stunden pro Woche sie tatsächlich arbeiten, geben sie oft selbst überrascht zu, dass die meisten von ihnen eher sechzig als dreißig Stunden wöchentlich arbeiten – und das mit großem Engagement im Studium und in ehrenamtlichen Tätigkeiten.

Die leistungsorientierten Jungen haben hohe Erwartungen an sich selbst, im Studium, im Arbeitsleben und auch, was ihren gesellschaftlichen Beitrag betrifft. Aufgaben, die sie gerne erledigen, sehen sie oft selbst nicht als Leistung, weil sie ihnen Freude bereiten. Engagieren sie sich beispielsweise für Klimaschutz und wenden dafür viele Stunden ihrer Freizeit auf, empfinden sie das nicht als anstrengend, sondern als notwendig. Ihre Einstellung ist keinesfalls, mit ihren Leistungen zu prahlen, sondern damit im Gegenteil zurückhaltend, fast demütig umzugehen. Diese Vorsicht hängt auch mit negativen Erfahrungen in der Vergangenheit zusammen. Wer ständig ausgezeichnete Noten scheinbar ohne Anstrengung bekommt, läuft schnell Gefahr, sozial ausgeschlossen zu werden.

Leistung kann auch bedeuten, die größtmögliche Herausforderung zu bewältigen und darauf mit Recht stolz zu sein: Gegen alle Widrigkeiten des Schicksals zu überleben und positiv auf die Zukunft zu schauen. »Meine Erstdiagnose bekam ich mit neun Jahren. Ich habe drei Leukämieerkrankungen überstanden. Die erste Behandlung dauerte ein Jahr und endete mit einer Stammzelltransplantation. Dann kam die zweite und ich war zweieinhalb Jahre krebsfrei. Eine neue Therapie hat gut funktioniert, aber eben nicht endgültig. Und dann habe ich ziemlich genau vor einem Jahr mit der dritten Behandlung angefangen und die zweite Stammzellentransplantation gemacht. Ich bin ein wahnsinnig sturer Mensch und durch die Behandlungen auf jeden Fall resilient geworden. Ich habe gelernt, gewisse Umstände einfach auszuhalten und zu akzeptieren, dass ich teilweise Sachen nicht verändern kann. Von der Frage nach dem Sinn habe ich mich mit neun Jahren verabschiedet. Es war einfach Pech, dass es mich als eines von 100.000 Kindern getroffen hat. Das war meine Herangehensweise zu dieser Erkrankung. Dieser Stoizismus hat mir bis zu einem bestimmten Grad sehr geholfen, anstatt mich ständig in diesem Denken ›Das wurde mir auferlegt – das ist Schicksal – das ist eine Bestrafung für etwas, das ich getan habe‹ festzuhalten. Der Glaubenssatz ›Ich konzentriere mich auf die Lebensbereiche, die ich beeinflussen kann‹ hat einen Einstellungswandel bei mir bewirkt, der mir so viele Türen geöffnet und so vieles erleichtert hat. So habe ich das eigenständige Arbeiten sehr intensiv lernen müssen, weil ich lange Zeit nicht in der Schule war. Selbst während ich für die Popper-Schule gelernt habe, war ich nicht wirklich im Präsenzunterricht. Die Schule hat mich dabei großartig unterstützt. Meine Klassenlehrer haben mit den Lehrern aus dem St. Anna Kinderspital kommuniziert und dann konnte ich alles mehr oder weniger gut mitlernen und alle Schularbeiten schreiben. Ich bin sehr stolz darauf, dass ich während meiner Behandlung das Sommersemester letztes Jahr positiv abschließen und in die sechste Klasse aufsteigen konnte«, fasst David Michler seine Geschichte zusammen.

Wie sich das Verständnis von Leistung verändert und warum uns das alle betrifft

> *»Es gibt zwei Möglichkeiten, Karriere zu machen: Entweder leistet man wirklich etwas oder man behauptet, etwas zu leisten. Ich rate zur ersten Methode, denn hier ist die Konkurrenz bei Weitem nicht so groß.«*
>
> *Danny Kaye*

Die Generation Z, das sind die zwischen 1996 und 2010 Geborenen, erwartet, dass sich der Job an ihr Leben anpasst und nicht umgekehrt. Die Jungen können sich dieses Selbstbewusstsein leisten, vor allem wenn sie qualifiziert sind, weil sie dringend von Unternehmen und dem öffentlichen Dienst gebraucht werden.

Das Thema der hohen Ansprüche der Schüler an den Arbeitsmarkt wird bereits in der Schule heiß diskutiert: »Nachdem unsere Lehrerin ihre Überraschung darüber geäußert hat, dass niemand von uns Lehrer werden möchte, wo es doch einen Lehrermangel gebe, hat ein Schüler gesagt: ›Wenn niemand den Job machen möchte, dann muss man eben den Job oder die Bedingungen attraktiver gestalten.‹ Unsere Lehrerin hatte dafür wenig Verständnis, sie meinte, dass man nicht erwarten könne, dass sich alles so richtet, wie man es will. In unserer Klasse waren sich alle einig, dass es nicht zu viel verlangt ist, einen Job zu ändern, wenn ihn nicht genug Leute machen wollen. Das ist ein klassischer Konflikt im Verständnis von Leistung und Erwartung. Ich bin bereit, sehr viel zu geben und viel zu leisten, deshalb denke ich, dass ich im Gegenzug auch Dinge erwarten kann. Ich erwarte nicht, dass sich alles nach meinen Wünschen richtet, aber ich möchte, dass ein Gleichgewicht zwischen Geben und Nehmen besteht, und das halte ich für fair«, erklärt Lina Reiter ihr Leistungsverständnis.

Die Werte der leistungsorientierten Repräsentanten der Generation Z bilden die Grundlage für dieses Kapitel. Sie unterscheiden sich vor allem in ihrer hohen Motivation und in ihrer großen Bereitschaft, sich für idealistische Ziele zu engagieren, vom Durchschnitt ihrer Altersgenossen. Geht man davon aus, dass sie gerade deshalb in absehbarer Zeit Führungsverantwortung übernehmen werden, bedeutet das für uns Ältere, dass sie die Arbeitswelt von morgen wesentlich prägen werden.

Die Idee, Mitarbeiter mit Zuckerbrot und Peitsche motivieren zu können, stammt aus dem industriellen Zeitalter. Primär finanzielle Anreizsysteme oder die Drohung mit der Kündigung werden in der Welt von morgen zumindest für qualifizierte Arbeit immer mehr an Bedeutung verlieren. Die folgenden drei Kriterien sind in Zukunft spielentscheidend dafür, ob Menschen bereit sein werden, ihr Leistungspotenzial in Organisationen einzubringen.

1. Sinn: Hat das, was ich tue, Sinn für mich selbst, für meine Organisation und für die Welt?

Diese Fragestellung unterstützt Menschen dabei, ihre Prioritäten neu auszurichten. Dabei werden die Werte von Freizeit, Familie und persönlichem Glück zulasten von beruflicher Karriere an Bedeutung gewinnen.

Stärkere Orientierung an persönlichem Wachstum: Anstatt sich ausschließlich auf äußere Maßstäbe wie finanziellen Erfolg oder beruflichen Aufstieg zu konzentrieren, kann die Veränderung des Leistungsbegriffs den Fokus auf persönliches Wachstum und die Verwirklichung von individuellen Zielen und Träumen lenken. Der einzelne Mensch kann sich darauf konzentrieren, seine Fähigkeiten und Talente weiterzuentwickeln, neue Dinge zu lernen und sich selbst zu verbessern. Menschen werden lernen, ihre eigenen Grenzen zu erkennen, sich Rückzugsräume und Erholungszeiten zu gönnen und sich nicht ausschließlich über Leistung zu definieren. Das Bewusstsein der eigenen Kraftquellen ermöglicht höheres Wohlbefinden und eine bessere mentale Gesundheit.

Ältere Verantwortungsträger können von der Generation Z lernen, wie sie ihren Mitarbeitern eine sinnstiftende Arbeit ermöglichen. Indem sie die Werte des Unternehmens vorleben, können sie die Motivation und Bindung der jüngeren Generation erhöhen.

2. Selbstbestimmung und Flexibilität: Fixe Regelungen der Arbeitszeit haben keine Zukunft.

Das Schlagwort von der Work-Life-Balance ist ein Mythos, der entzaubert wird. Es geht nicht darum, wie viel, sondern was wir arbeiten. Ein Mensch, der arbeiten darf, was ihm wirklich Freude macht, erbringt in der Hälfte der Arbeitsstunden den doppelten Beitrag zur Wertschöpfung einer Organisation. Eine Illusion? Wenn wir das Potenzial von KI richtig nutzen, kann das die Menschheit so weiterbringen, dass jeder Einzelne etwas Sinnstiftendes tun kann. Julian Rothenbuchner: »Ältere Leute bei uns im Team denken noch viel mehr im Sinne von: ›Wie viele Stunden habe ich da reininvestiert?‹ Ich probiere mich ganz bewusst davon zu lösen und zu sagen: ›Okay, wie viele gute Dinge habe ich heute erreicht?‹ Ich versuche, meine Arbeit nicht in Stunden zu messen. Weil ich einfach finde, das ist das falsche Maß. Realistisch gesehen werden Menschen immer irgendetwas arbeiten müssen. Die Wertschöpfung passiert nicht von selbst. Dementsprechend kann die Frage nicht sein: ›Wie können wir weniger arbeiten?‹, sondern: ›Wie kann ich meine Arbeit mit dem, was mir sonst im Leben wichtig ist, vereinbaren?‹ Wir brauchen technische Innovationen und gesellschaftlichen Wandel, damit jeder Mensch das Privileg erhält, an etwas zu arbeiten, das so sinnbringend ist, dass es sich nicht mehr wie Mühsal anfühlt.«

Starre Arbeitszeiten beschneiden unser Bedürfnis nach Selbstbestimmung. Der Hauptgrund, warum man Menschen seit dem Industriezeitalter nach Stunden bezahlt, liegt darin, dass sich dies am einfachsten messen lässt. Obwohl wir schon lange im digitalen Internet-Zeitalter sind, bewerten wir Arbeit noch immer in Stunden. Das wird sich ändern müssen, und zwar radikal. Es betrifft nicht nur die Wochenarbeitszeit, sondern auch die Auflösung der starren Urlaubsregelungen. Es wird möglich sein, auch einmal »in achtzig Tagen um die Welt zu reisen« und dafür dann ein Jahr ohne klassischen Urlaub an einem Projekt zu arbeiten.

Lenny Goliasch studiert an der Wirtschaftsuniversität Internationales Management: »Ein erfolgreicher Mensch verfolgt seine beruflichen Ambitionen, ist aber gleichzeitig auch psychisch, körperlich und sozial gesund. Ich glaube, das sind drei wichtige Säulen, die neben dem beruflichen Erfolg die Erfüllung im Leben ausmachen. Ich finde, Work-Life-Balance so zu formalisieren, dass man sagt, man arbeitet jetzt wirklich jede Woche nur noch dreißig Stunden, ist in manchen Jobs sicherlich möglich, in anderen aber nicht. Es muss sich die Rechnung insgesamt ausgehen. Wenn man Wochen hat, wo man sechzig, siebzig

Stunden arbeitet, braucht man nachher eine Zeit, um die Batterien wieder aufzuladen. Erfolg ist für mich schlicht und einfach, dass ich von Leuten umgeben bin, die mir wichtig sind. Ich glaube, das ist das Ziel Nummer eins.«

Der Wunsch nach mehr Freizeit ist verständlich, weil heutzutage sogar Kinder ständig beschäftigt und im Halbstundentakt für Wahlfächer, Nachhilfe und Freizeitaktivitäten verplant sind. Kommen sie abends nach Hause, sind sie genauso müde wie Erwachsene – eine Tatsache, die uns traurig stimmen sollte. Wir brauchen daher nicht mehr Freizeit, sondern mehr Muße, also selbstbestimmte Zeit.

Mit dem Aufkommen neuer Technologien und Arbeitsmodelle wie Remote-Arbeit und freiberufliche Projektarbeit können mehr Menschen ihre Arbeit flexibler gestalten und ihre Produktivität wird nicht ausschließlich an der Anwesenheit im Büro oder der Anzahl der geleisteten Arbeitsstunden gemessen werden. Dort zeichnet sich allerdings ein Konfliktherd ab. Denn fast alle von mir interviewten CEOs und Unternehmensvorstände sind keineswegs glücklich damit, dass die Mitarbeiter ihre Anwesenheit im Büro minimieren und jene im Homeoffice maximieren wollen, auch wenn sie es selten wagen, das öffentlich auszusprechen. Große Unternehmen leiden unter den oft über hundert unterschiedlichen Teilzeitmodellen, die nicht mehr zu administrieren sind. Eine Lösung könnte in einer verstärkten Betonung von erreichten Zielen liegen, anstatt nur die Arbeitszeit zu berücksichtigen. Daraus folgt:

3. Leistung und Erfolg werden individueller definiert, um die Vielfalt von Talenten und Tätigkeiten zu berücksichtigen.

Erfolg, Leistung und Gewinnen werden für bestimmte Menschentypen auch morgen noch sehr bedeutsam für ihr Lebensglück sein. Für sie entsteht Sinn durch das Setzen und Erreichen von immer neuen Zielen. Doch Ziele allein reichen bei Weitem nicht aus. Wir brauchen eigene Wertvorstellungen, die uns helfen, unserem Leben Halt zu geben. Diese Wertvorstellungen haben ihrerseits nur Sinn, wenn sie von der Erfahrung getragen werden, dass man seine Geschicke auch selbst beeinflussen kann und nicht völlig willkürlich den Kräften anderer ausgeliefert ist. Deshalb wirkt sich Fremdbestimmung so negativ auf Menschen aus und vielen geht in unserer Hochleistungsgesellschaft schlicht die Luft aus. Menschen können lernen, sich weniger mit anderen zu vergleichen, sich weniger von äußeren Erwartungen unter Druck setzen zu lassen und ihr eigenes Tempo zu respektieren. Dies führt zu einem gesünderen Umgang mit Leistung und einem geringeren Risiko von Erschöpfung und Burn-out.

Begabte junge Menschen erwarten schon heute eine Organisationskultur, die hohe Leistungsorientierung mit großem Gestaltungsspielraum für sie kombiniert. Diese Forderung wird daher das Klima für die älteren Mitarbeiter ebenfalls verändern. In so einem vertrauensbasierten Umfeld kann jeder die ihm gesteckten Ziele auf seine Art lösen. Bei Google haben leitende Mitarbeiter die Möglichkeit, bis zu zwanzig Prozent ihrer Gesamtarbeitszeit eigenen Ideen zu widmen oder Projekte zu starten. Sind die Entscheidungsalternativen gut aufbereitet, wird vom Management rasch entschieden. Als Kriterium dient zum Beispiel der »Zahnbürsten-Test«. Darunter versteht man, dass eine neue Funktion vom Nutzer wie eine Zahnbürste mindestens zweimal täglich verwendet wird. Die Schlüssel-Mitarbeiter werden von ablenkenden und nicht der direkten Lösung dienenden Prozessen befreit: Essen und Trinken sind überall verfügbar, eigene Serviceabteilungen übernehmen Logistik und persönliche Besorgungen.

Die Forderungen der Generation Z, die unsere Arbeitswelt von morgen verändern werden, stimmen mit den wissenschaftlichen Erkenntnissen der Begründer der »Selbstbestimmungstheorie« (Self-Determination Theory, kurz SDT), Richard M. Ryan und Edward L. Deci von der Universität Rochester, völlig überein. Sie haben herausgefunden, dass die intrinsische Motivation des Menschen von der Befriedigung dreier psychologischer Grundbedürfnisse abhängt:

- empfundene Handlungskompetenz

- Autonomie

- soziale Eingebundenheit und Identifikation mit dem Unternehmenszweck

Leistung wird auch in Zukunft wichtig sein. Je fähiger man ist, desto mehr Chancen bieten sich, eine Tätigkeit zu finden, die Selbstbestimmung und Autonomie ermöglicht.

Gut bezahlte, aber sinnbefreite und fremdbestimmte Jobs wird es zwar weiterhin geben, sie werden aber von gut Qualifizierten gemieden werden.

Babyboomer, X, Y, Z und Alpha – zu welcher Generation gehören Sie?

Soziologen lieben es, Generationen mit bestimmten Attributen zu klassifizieren. Es zeigt sich allerdings, dass es innerhalb einer Generation deutlich mehr durch Elternhaus und Bildungsniveau geprägte Unterschiede als Gemeinsamkeiten gibt. Die Mehrzahl der 68er-Generation waren weder Revolutionäre noch Hippies, die Yuppie-Generation bestand nicht nur aus materialistischen Karrieristen. Trotzdem könnte es für Sie hilfreich sein zu wissen, welcher Generation mit welchen Werten Sie zugeordnet werden:

1946–1964: Auf die Kriegsgeneration folgten die *Babyboomer*, die sich durch eine optimistische Hoffnung auf eine bessere Zukunft auszeichneten. Die Öffnung des Bildungssystems für breite Bevölkerungsschichten, Leistungswille und Karriereorientierung erfüllten diese Erwartungen nach sozialem Aufstieg für viele Menschen.

1965–1979: Die Lebenseinstellung der *Generation X* war eher pessimistisch, was durch Wirtschaftskrisen und steigende Arbeitslosigkeit oftmals Bestätigung fand. Die Generation X war dafür schon von Computern und Videospielen beeinflusst.

1980–1995: Die *Generation Y* wird mit Bezug auf die Jahrtausendwende auch als »Millennials« bezeichnet, deren Einstellungen sehr genau erforscht wurden. Sie sind die erste digital affine Generation, die nicht nur mit Computern, sondern mit Smartphones und Social Media aufwuchs. Privatleben, hohe Ansprüche an ihre Arbeitgeber, vor allem auf flexible Arbeitszeiten stellen wichtige Werte für sie dar. Die »Millennials« bereiteten den Boden für die Generation Z auf.

1996–2010: Die *Generation Z* kennt die Welt vor Google, YouTube, Facebook und Instagram nicht und nutzt diese Plattformen für ihre gesamte Kommunikation. Die Grenzen zwischen realer und virtueller Welt vermischen sich dabei stark. Ihre Ansprüche an die Arbeitswelt sind noch deutlich höher als bei der Generation Y. Persönliche Verwirklichung und Zeit für Freunde dominieren über traditionelles Karrieredenken. Das kann man auch kritisch sehen: Zwei Drittel der wirtschaftlichen Führungskräfte in Deutschland gaben in einer Civey-Studie an, dass die Generation Z zu viel Wert auf eine gute Balance zwischen Arbeit und Freizeit lege und zu wenig Kritik vertrage.

Die Generation Z ist keinesfalls eine homogene Gruppe. David Wittmann gehört zu jenen Schülern in St. Afra, die sich in der FDP engagieren. Die Mehrheit steht den Grünen und deren kritischen Werthaltungen zu Wachstum und Kapitalismus nahe. Davids Wittmanns Gesinnung spiegelt sich in seiner Einstellung zu Leistung wider. Er denkt, dass die Eigenverantwortung der Menschen abnimmt, weil das

Verständnis für den Zusammenhang zwischen dem gesellschaftlichen Wohlstand und der privaten Leistung immer mehr verschwindet. Den meisten Leuten sei nicht bewusst, wie sehr der hohe Lebensstandard in Deutschland und Europa maßgeblich von der Leistung, die jeder bringt, abhängt: »Wenn jeder Einzelne wirklich fleißig ist oder zumindest sich selber nicht zu einem Problem macht, geht es uns allen ein Stück weit besser. Dann haben wir mehr Kapazitäten, um die zu unterstützen, die selbst nicht wirklich leisten können. Für mich selbst strebe ich für mein Leben eine glückliche Familie, einen gesunden Körper und Geist, eine positive Einstellung zum Leben und natürlich auch Spaß an. Dafür ist eine gewisse finanzielle Freiheit notwendig, um an den technologischen Errungenschaften unserer Zeit teilzuhaben.«

Der Senior Advisor der Executive-Search-Firma Amrop Günther Tengel sieht in der Generation Z drei Gruppen: »Generalisierend könnte man sagen, ein Drittel der Generation Z ist noch immer leistungsbereit, allerdings nur, wenn die beschriebenen Kriterien Sinn, Flexibilität und autonome Zielsetzung möglich sind. Ein Drittel hat ein völlig anderes Verständnis von Arbeit als meine Generation. Erfüllung im Privatleben hat eine deutlich wichtigere Bedeutung als Karriere für sie. Und ein Drittel pendelt zwischen unterschiedlichen Modellen von extremen Leistungszeiten und komplett selbstbestimmten arbeitsfreien Perioden.«

Der Vollständigkeit halber: Ab 2011 Geborene werden als *Generation Alpha* bezeichnet, über die noch keine validen Aussagen getroffen werden können.

Obwohl sich beim viel zitierten »Krieg um Talente« die Machtverhältnisse in den letzten Jahren eindeutig in Richtung der Bewerber verschoben haben, wird auch morgen noch gelten: Wer einen interessanten Job bei einem der Topunternehmen, in der öffentlichen Verwaltung oder einer NGO anstrebt, muss sich einem selektiven Auswahlprozess stellen. Das gilt mittlerweile schon für fast alle attraktiven Studien, wie zum Beispiel Medizin, Wirtschaft, Jus und Psychologie.

Die Gewinner von morgen – das können wir von der Generation Z lernen

»Nur ein mittelmäßiger Mensch ist immer in Hochform.«

William Somerset Maugham

Weniger Arbeit, mehr leben ist ein Motto, das nicht nur bei den Jungen, sondern auch bei den Älteren eine immer größere Rolle spielen wird. Trotzdem gibt es, wie zuvor dargestellt, teilweise große Unterschiede und Erwartungen beim Thema Leistung zwischen den Generationen. Es ist wichtig, gegenseitiges Verständnis zu fördern und von der Generation Z zu lernen:

Technologische Kompetenz: Die Generation Z ist mit digitalen Technologien aufgewachsen und verfügt über ausgeprägte Fähigkeiten in diesem Bereich. Ältere Verantwortungsträger sollten ihre technologischen Kenntnisse ständig erweitern und sich nicht scheuen, die Jungen um Hilfe zu bitten. Im Gegenzug können sie mit ihrer Erfahrung als Mentoren wirken.

Innovation und Kreativität: Die Generation Z bringt frische Perspektiven und neue Ideen in die Arbeitswelt ein. Ältere Mitarbeiter können von ihrer Innovationskraft profitieren und gemeinsam neue Lösungsansätze entwickeln, wenn Sie sich die im Kapitel »Wer vorschnell urteilt, erkennt oft Neues nicht« empfohlene Einstellung zu Herzen nehmen.

Gelebte Vielfalt und Inklusion: Die Generation Z legt großen Wert auf Vielfalt und Inklusion. Ältere Verantwortungsträger sind gefordert, diese nicht nur als Lippenbekenntnis zu verstehen, sondern Diversität als Bereicherung für ihre Organisation zu sehen. Viele der erfolgreichsten US-Unternehmen werden heute von Führungskräften mit ausländischen Wurzeln geführt. Indra Nooyi, langjährige CEO von PepsiCo und seit Februar 2019 Direktorin bei Amazon, Satya Nadella, CEO von Microsoft, oder Sundar Pichai, CEO von Google, gehören zu den bekanntesten Beispielen.

Geduld und Vertrauen: Die Generation Z ist an den schnellen und transparenten Umgang mit Informationen gewöhnt, was einen Tabubruch für viele traditionelle Organisationskulturen bedeutet beziehungsweise manchmal rechtlich gar nicht möglich ist. Das Thema »Vertrauen« findet sich häufig in den Titeln von Konferenzen, zu denen ich als Redner eingeladen werde. Ich weise dann darauf hin, dass Vertrauen immer in einem Spannungsfeld mit gelebter Transparenz steht. Es erfordert Geduld und offene Kommunikation, um mit dieser Ambivalenz fair umzugehen, was eine Bringschuld der Älteren ist.

Selbstreflexion: Bei einer Research-Reise ins Silicon Valley konnte ich ein intensives Gespräch mit einem Human-Relations-Manager von Google führen. Ich war überrascht, welche hohe Priorität dort dem Thema Reflexion gegeben wird. Vorgesetzte fordern und fördern in den Mitarbeitergesprächen die kritische Selbstreflexion. In den meisten traditionellen Unternehmen sind alle vom Chef bis zum Mitarbeiter meist viel zu sehr mit der Befriedigung der immer dominanteren Managementsysteme beschäftigt, als die nötige Zeit zum Reflektieren zu finden. Sich selbst und seine Entscheidungen durch regelmäßige Reflexion besser zu verstehen ist das wahrscheinlich entscheidende Mindset, um in der Arbeitswelt von morgen mithalten zu können.

Die Bereitschaft, sein Bestes zu geben: Wer ein glaubhaftes Beispiel für Engagement und Qualitätsanspruch vorlebt, der wird auch von den Jüngeren der Generation Z anerkannt werden. Ein Zitat vom Gründer der SOS-Kinderdörfer Hermann Gmeiner gilt zeitlos für alle Generationen:

> *»Alles Große in unserer Welt geschieht nur,*
> *weil jemand mehr tut, als er muss.«*

Fähigkeiten: Umsetzen, was wir wissen und können

Sozialkompetenz können Sie sich nicht »ergooglen« – dafür erlernen

»Wenn ich wütend und emotional aufgeladen bin und jemand versucht beruhigend, mich ganz sachlich auf alles Unlogische in meinen Gefühlen hinzuweisen, ist das enorm kontraproduktiv. Meist antworte ich auf diese Versuche mit: ›Kannst du dich bitte mit mir aufregen, ich möchte nicht beruhigt werden.‹ In ›Kommunikation und Sozialkompetenz‹ haben wir theoretisch und praktisch gelernt, wie man einen Menschen in seiner Welt abholen kann. Wenn ich meine Freunde beruhigen will, beginne ich deshalb immer mit der Frage: ›Was brauchst du gerade?‹ Solche einfachen Abklärungen können weitere Konflikte vermeiden und ermöglichen es, dass man tatsächlich nachhaltig helfen und gut kommunizieren kann«, erzählt Lina Reiter.

Die Einführung des Maturagegenstands »Kommunikation und Sozialkompetenz« war vom ersten Tag der Schulgründung an ein zentrales Element für den Erfolg der »Sir Karl Popper Schule«. Dieses von den Schülern liebevoll »KoSo« genannte Fach wurde von Renate Wustinger eigens für die Popper-Schule entwickelt und bereits an anderen Schulen erfolgreich umgesetzt. Renate Wustinger arbeitet heute als Beraterin und Coach. Ein wichtiger Bestandteil von »KoSo« ist das Projekt »kompetent sozial«, bei dem die Schüler fünf Tage lang Menschen mit geistigen oder physischen Einschränkungen betreuen. Die Herausforderung liegt darin, Beziehungen mit Demenzkranken, Gehörlosen oder betreuten Kindern in Inklusionsklassen aufzubauen.

Der »KoSo-Effekt«: Sich um Schwächere kümmern und Konflikte intelligent lösen

Die Schüler werden drei Semester lang mit dem notwendigen theoretischen Wissen und in Rollenspielen vorbereitet. Dann sollen die Schüler ihr Wissen praktisch anwenden, lernen, mit ihren eigenen Ängsten umzugehen und Widerstände zu überwinden. Denn für Demenzkranke sind die für sie oft ungewohnten Besuche neu und daher anstrengend. So versuchte eine Demenzperson nach dem ersten Treffen den sie besuchenden Schüler Alexander mit offensichtlich erfundenen Geschichten loszuwerden. Doch Alexander gab nicht auf, versuchte es am nächsten Tag wieder. Um einen anderen Zugang zu der Frau zu finden, schlug er ihr vor, doch mit ihm auf eine Bank im Garten zu gehen. Sie ließ sich darauf ein, dann ging Alexander nochmals kurz zurück, um die Türe zu schließen. Als er sich neben die Frau setzen wollte, wies sie ihn energisch mit dem Hinweis ab, dass er sich da nicht hinsetzen könne, weil hier schon ein anderer säße. Alexander ließ sich dadurch nicht irritieren, wandte sein Wissen über den Umgang mit Demenzkranken an, indem er sich in ihre Wirklichkeit versetzte und diese annahm. Er entschuldigte sich, kehrte wieder zur Türe zurück, kam dann erneut und die alte Frau sagte stolz zu ihm: »Da hat sich jetzt ein anderer hinsetzen wollen, aber ich habe deinen Platz verteidigt.«

Die 16- bis 17-jährigen Schüler gewinnen in diesen fünf Tagen Erfahrungen, die sie ihr Leben begleiten werden, in einer Welt, die immer häufiger den wertschätzenden Umgang mit diversen Menschen verlangt. So brachte es ein Schüler, der einen jungen Menschen mit Down-Syndrom beim Lernen unterstützt hatte, in der Reflexion danach auf den Punkt: »Am Montag fuhr ich mit einem flauen Gefühl im Magen das erste Mal zu jemandem mit Down-Syndrom, am Mittwoch war das einfach der Klaus für mich.«

Popper-Schüler nutzen ihre in »KoSo« erlernten Fähigkeiten nicht nur für soziales Engagement. Sie setzten diese Kompetenzen auch wirkungsvoll und kreativ ein, um ihre Interessen gegen Autoritäten zu behaupten. In der Anfangszeit der Popper-Schule gab es zunehmend Probleme mit Vandalismus in den Toiletten, die mit Kosten und vor allem einer Belastung des Reinigungspersonals verbunden waren. Daraufhin plante die Schule, Kameras auf den Gängen, nicht den Toiletten, zu installieren. Das führte zu empörten Protesten der Schüler, die bis zu uns Schulgründern vordrangen. Eines Tages erschien ein großer Medienbericht über den Widerstand der Schüler, allerdings nicht etwa in einer österreichischen Zeitung, sondern im SPIEGEL, der infolge von Leitmedien in Österreich aufgegriffen wurde. Die Schüler hatten offenbar gelernt, Machtbeziehungen und mediale Dynamiken gut einzuschätzen und für sich zu nutzen. Die Kameras wurden nie installiert.

So können Sie Ihre eigene
Sozialkompetenz steigern

Zunächst sollten wir uns bewusst sein, dass wir alle über soziale Kompetenzen verfügen, sonst hätten wir die vielen schwierigen Situationen in unserem Leben nicht bewältigen können: Toleranz gegenüber den Schwiegereltern, die uns einfach nicht mögen, weil niemand für ihren Sohn oder ihre Tochter gut genug ist. Eiserne Nerven bewahren, wenn die Kinder sich in der Pubertät in ihr Zimmer einschließen und jeder Versuch freundlicher Kommunikation in Schrei- oder Weinkrämpfen endet. Nicht auszurasten, wenn der gestresste Ehemann wieder einmal die Socken herumliegen lässt oder die liebe Ehefrau sich für kein Kleid entscheiden kann und man den Beginn des Konzerts versäumen wird. Kränkungen durch Freunde, die meist gar nicht beabsichtigt waren, schnell vergeben zu lernen. Für wen das klischeehaft klingt, der möge nachdenken, in welchen heiklen Situationen er sich schon als sozial kompetent erlebt hat. Wenn Sie von einem anderen Autofahrer geschnitten werden, dann können Sie sich ruhig ein spontanes »So ein Arschloch« erlauben. Wichtig ist nur, dass Sie sich danach wieder schnell beruhigen, statt sich immer mehr in Ihre Wut hineinzusteigern. Mehrmals zu hupen, den anderen zu überholen, ebenfalls so zu schneiden, dass beide Fahrzeuge mitten auf der Straße stehen bleiben müssen, dann aus dem Wagen zu springen und den anderen laut anzuschreien ist jedenfalls keine gute Idee, die im Extremfall sogar im Spital und vor Gericht endet. Überholt das gekränkte Ego den Verstand, versagen schnell die Bremsen. »Wir sind nie grundlos wütend, aber selten aus einem guten Grund«, hat Benjamin Franklin gesagt.

Auch wenn Sie über eine gute Kontrolle ihrer Emotionen verfügen, wird es Fälle geben, wo Sie ehrlicherweise zugeben müssen, dass Sie wahrscheinlich besser anders gehandelt hätten. Das ist der Grund, warum die Popper-Schule ihre Schüler schon früh mit bewährten Konzepten in sozialer Kompetenz ausbildet. Diese Schüler sind oft besonders sensibel und machen sich daher auch mehr Sorgen über scheinbar kleine Probleme. Als Lenny Goliasch von zu Hause auszog, um gemeinsam mit seiner Freundin zu wohnen, war das mit einem gewissen Gefühl der Unsicherheit verbunden, wie er mit dieser neuen Lebenssituation zurechtkommen würde: »Ich bin nicht so der Typ, der gesagt hat, so, ich bin jetzt 18 und tschüss. Das erfordert schon Emotionale Intelligenz, die man sich aufbauen muss, um in solchen Situationen einen kühlen Kopf zu bewahren. Die Fürsorge der Eltern, der richtige Umgang mit meinen Emotionen und Gefühlen wird Google auch in fünfzig oder hundert Jahren nicht ersetzen können. Sozialkompetenz lässt sich nicht ergoogeln.«

Lernen Sie Ihr »inneres Team« kennen

Ein einfaches Modell, das in »KoSo« gelehrt wird, um das Hin-und-Hergerissen-Werden in den verschiedenen Lebenssituationen besser beeinflussen zu können, ist das »innere Team« von Friedemann Schulz von Thun.[1] Die unterschiedlichen Stimmen in uns sind wie Abteilungsleiter, die einen bestimmten Bereich verantworten, während das übergeordnete »Ich«, das Oberhaupt, die oft widersprüchlichen Meldungen aufnimmt und im Sinne einer Gesamtverantwortung in sinnvolles Handeln umsetzt. Es ist wichtig zu verstehen, dass die einzelnen Teammitglieder nur einen Wert oder ein Bedürfnis im Auge haben und sich dafür voll einsetzen. So kann es schnell zwischen den zwei Bedürfnissen »Finanzielle Sicherheit ist wichtig« sowie »Status und Anerkennung« bei der Wahl eines neuen Autos zu Konflikten kommen, die das Oberhaupt als störend empfindet. Entscheidet man sich für das teure Modell mit vielen Sonderausstattungen, meldet sich der »Finanzchef« mit seinen Einwänden (»Können wir uns das wirklich leisten, ohne unsere Reserven anzugreifen?«) zu Wort. Kaufen wir ein einfaches Auto nur nach dem »Kosten-Nutzen-Kriterium«, nährt das Bedürfnis nach Ästhetik und Anerkennung unsere Zweifel.

Zur Selbstkompetenz gehört, dass unser Ich als Oberhaupt in größtmöglicher Übereinstimmung mit dem inneren Team und der äußeren Situation handelt. Dazu ist es hilfreich, dass Sie sich Ihre eigenen Teammitglieder bewusst machen – am besten, indem Sie alle in einem Kreis aufzeichnen:

- In der Mitte steht das Oberhaupt, das auf alle Stimmen hören muss, denn das Unterdrücken rächt sich oft, indem das vernachlässigte Bedürfnis sich besonders laut meldet und für Unruhe sorgt.

- Wer sind Ihre Teammitglieder, die eine besonders wichtige Rolle spielen? Schutz vor Verletzungen oder Verlusten, Lebenslust, Neues lernen, Anerkennung durch andere, Liebe zur Familie, die Sehnsucht nach Ruhe und Rückzug, Unternehmungsgeist, Fürsorge, Kreativität und viele mehr, wenn Sie genau nachdenken.

- Geben Sie den Teammitgliedern passende Namen und schreiben Sie deren positive Absicht in eine Sprechblase. Das können durchaus über zwanzig Stimmen sein.

Julian Bridi erzählt, wie ihm das Modell in Konflikten mit seiner Partnerin geholfen hat. »Wir verstehen und respektieren uns, trotzdem entfacht sich manchmal ein Streit. Dann ist man möglicherweise irgendwo falsch abgebogen oder es handelt sich um ein Missverständnis auf emotionaler Ebene. Das innere Team hilft mir immer, wenn ich von Handlungen oder Reaktionen überrascht werde. Meist wird nur ein Teil der Gefühle einer Person ausgesprochen und man ist sich der anderen Gedanken nicht bewusst. Dann sagt der andere plötzlich etwas Irritierendes. Darüber kann man dann leichter und sachlicher reden, wenn man seine eigenen unterschiedlichen Stimmen kennt.«

Wer Erfolg im Leben haben will, muss das emotionale Alphabet beherrschen

Der Harvard-Psychologe Daniel Goleman hat das Konzept der »Emotionalen Intelligenz« wesentlich geprägt und weiterentwickelt. Er definiert den Begriff durch fünf grundlegende emotionale und soziale Fähigkeiten:[2]

Selbstwahrnehmung: zu wissen, was wir im Augenblick empfinden, und diese Präferenzen in unsere Entscheidungen einbeziehen; eine realistische Einschätzung unserer Fähigkeiten und ein wohlbegründetes Selbstvertrauen besitzen.

Selbstregulierung: mit unseren Emotionen so umgehen, dass sie uns bei unseren Aufgaben nicht stören, sondern diese erleichtern; gewissenhaft sein und kurzfristige Belohnungen aufschieben, um ein lohnendes Ziel in der Zukunft zu verfolgen; sich von emotionalen Belastungen gut erholen.

Motivation: uns von unseren tieferen Präferenzen in Richtung auf unsere Ziele leiten lassen; sie nutzen, um die Initiative zu ergreifen und danach zu streben, uns zu verbessern; angesichts von Rückschlägen und Frustrationen nicht aufgeben.

Empathie: spüren, was andere empfinden; fähig sein, sich in ihre Lage zu versetzen; persönlichen Kontakt und enge Abstimmung mit einer großen Vielfalt unterschiedlich geprägter Menschen pflegen.

Soziale Fähigkeiten: in Beziehungen gut mit Emotionen umgehen und soziale Situationen genau erfassen; reibungslos mit anderen interagieren; diese Fähigkeiten für Kooperationen und Teamarbeit nutzen; erfolgreich verhandeln und Streitigkeiten schlichten können.

Goleman macht klar, dass formale Ausbildung und ein entsprechender Intelligenzquotient notwendig sind, um einen bestimmten Job zu bekommen, dann aber Emotionale Intelligenz die wichtigste Voraussetzung dafür bildet, um diesen Job auch erfolgreich erfüllen zu können. Je höher man in einer Organisation aufsteigt, desto wichtiger wird der Faktor Emotionale Intelligenz. Mitarbeiter werden selten wegen mangelnder fachlicher Fähigkeiten, sondern eher wegen fehlender Sozialkompetenz gekündigt, weil sie sich nicht im Team einordnen können oder wichtige Kunden verärgern. Vorstandsmitglieder werden aufgrund ihrer kognitiven Analysefähigkeiten eingestellt – und wegen mangelnder Emotionaler Intelligenz gefeuert.

Goleman fordert gemeinsam mit dem MIT-Lernforscher Peter Senge, das Denken in Systemen in Schulen und Organisationen viel stärker zu vermitteln, weil es nur so möglich sein wird, Lernen im 21. Jahrhundert an den globalen Herausforderungen auszurichten. Goleman und Senge sind davon überzeugt, dass sich Emotionale Intelligenz am besten gemeinsam mit dem Verständnis von systemischem Denken vermitteln lässt. Das hört sich vielleicht abstrakt an, die Notwendigkeit, systemische Zusammenhänge zu verstehen, kann man aber einfach mit einem bekannten Beispiel von Paul Watzlawick aus seinem Buch *Anleitung zum Unglücklichsein* illustrieren:

> *»Unglücklich sein kann jeder, sich unglücklich machen aber will gelernt sein«*

Ein Ehepaar kommt zu Therapeuten, um über seine Probleme zu berichten. Sie beginnt: »Mein Mann sitzt lieber im

Wirtshaus und kommt erst spät nach Hause.« Er antwortet: »Immer, wenn ich nach Hause komme, nörgelt meine Frau.« Sie antwortet: »Weil er ins Wirtshaus geht.« Er: »Sie nörgelt ständig.« Die wechselseitigen Vorwürfe gehen eine Zeit lang so weiter, ohne dass das Paar das Muster erkennt. Erst als ihnen der Therapeut den Zirkel ihrer Handlungen aufzeichnet, wird offensichtlich, dass die Frau ihr Nörgeln stets als Reaktion auf seinen Rückzug sieht, während der Mann sich aufgrund ihres Nörgelns zurückzieht. Watzlawick sagt dazu: Kausales Denken funktioniert wie ein Lichtschalter, Nörgeln – Rückzug – Nörgeln – Rückzug. Menschliche Kommunikation ist aber systemisch. Sie verläuft in Phasen und unterliegt einer Gliederung, die Watzlawick Interpunktion nennt. Im Fall des Ehepaars ist es daher notwendig, dass jeder für sich die Reaktion und die Gegenreaktion neu gliedert. Wenn der Mann für sich erkennt: »Ich bin selten zu Hause«, und die Frau, dass sie oft nörgelt, dann können beide dem kommunikativen Teufelskreis entkommen.

Vielleicht erinnern Sie sich an Situationen, in denen Sie ähnlich agiert und reagiert haben wie das Paar. Denn niemand verfügt über die fünf zuvor aufgezeigten sozialen Kompetenzen in gleichem Ausmaß, sondern wir haben alle ein Persönlichkeitsprofil, das sich aus entsprechenden Stärken und Schwächen zusammensetzt. In Büchern und im Internet gibt es eine Vielzahl von Selbsttests, mit denen Sie versuchen können, Ihre Emotionale Intelligenz zu ermitteln. Diese Tests sind von unterschiedlicher Qualität und Aussagekraft, weil es sich um Eigeneinschätzungen handelt. Hier einige ausgewählte Fragen:

Weiß ich, wie ich in bestimmten Situationen reagiere und warum das so ist?

Kann ich meine Stimmungen selbst beeinflussen oder bin ich meinen Emotionen ausgeliefert?

Wie gut kann ich mit Aggressionen, Wut, Freude, Zuneigung und anderen Gefühlen bei mir selbst und bei anderen umgehen?

Wie gut kann ich Stress und Druck bewältigen?

Scheue ich Konflikte, auch wenn ich weiß, dass ich eigentlich recht habe?

Kann ich andere Menschen motivieren oder sogar begeistern?

Wie beliebt bin ich bei anderen Menschen und was könnten die Gründe dafür sein?

Nehme ich mir kritische Aussagen meines Partners und meiner Freunde sehr zu Herzen?

Wie gut kann ich mich in die Perspektive eines anderen Menschen einfühlen?

Sind andere gerne mit mir zusammen?

Wie oft mache ich mir Selbstvorwürfe?

Bin ich grundsätzlich mit mir zufrieden?

Wenn Sie diese Fragen nicht nur selbst beantworten, sondern auch Freunde bitten, Sie damit einzuschätzen, können Sie Erkenntnisse über Ihr Eigen- und Fremdbild gewinnen. Sie müssen Ihre Freunde gar nicht mit der ganzen Latte von Fragen belasten, es reichen auch drei:

- Was kann ich aus deiner Sicht am besten?

- Was sind meine drei positivsten Charaktereigenschaften?

- Mit welchem Muster stehe ich mir manchmal selbst im Weg?

Mit Emotionaler Intelligenz und dem Verständnis von sozialen Systemen können wir viel unnötiges Leid vermeiden und uns dafür auf die Suche nach gemeinsamen Lösungen in schwierigen Situationen konzentrieren.

»Einige der größten Momente in der Geschichte der Menschheit wurden von Emotionaler Intelligenz angetrieben.«

Adam Grant

1 Friedemann Schulz von Thun: *Miteinander reden*. Band 3.
2 Daniel Goleman: *EQ2 Der Erfolgsquotient*, S. 388. dtv. 2000.

Nutzen Sie Künstliche Intelligenz als ein Werkzeug wie einen Schraubenzieher – solange sich dieser nicht von selbst bewegt

»Big Data ist wie Sex im Teenageralter: Jeder redet darüber, niemand weiß wirklich, wie man es macht, jeder denkt, dass alle anderen es tun, also behaupten sie, dass sie es auch tun.«

Dieses Zitat von Dan Ariely, Professor für Psychologie und Verhaltensökonomie an der *Duke University*, soll alle aufmuntern, die bisher mit ChatGPT, GPT-4 oder anderen Anwendungen von Künstlicher Intelligenz (KI) wenig bis gar nichts anfangen konnten. Insbesondere wenn Sie sich bei der Überschrift im Inhaltsverzeichnis gedacht haben: »Ich bin bisher sehr gut in meinem Leben ohne Künstliche Intelligenz ausgekommen, das interessiert mich nicht«, bitte ich Sie, gerade dieses Kapitel nicht zu überspringen. Wenn Sie sich darauf einlassen, werden Sie wahrscheinlich erkennen, warum es nicht nur sinnvoll, sondern sogar notwendig ist, sich damit zu beschäftigen. Selbst wenn Sie sich sicher sind, KI nie nutzen zu wollen – Sie werden massiv davon betroffen sein. Der eher vorsichtig formulierende Google-Chef Sundar Pichai nannte die durch KI angestoßenen Veränderungen »tiefgreifender als die Entdeckung von Feuer und Elektrizität«. Bilden Sie sich Ihr Urteil, ob das übertrieben ist.

ChatGPT hat einer sonst eher an Netflix, Facebook und Instagram interessierten breiten Öffentlichkeit das Potenzial von KI anschaulich gemacht und spannende Fragen aufgeworfen: Was wird aus uns, wenn KI Schularbeiten, Aufnahmetests an Universitäten oder kompetente Beratung in Kundenzentren besser bewältigt als wir Menschen? Wie gehen wir damit um, dass KI großartige Musik komponieren, faszinierende Bilder kreieren und unsere Stimme automatisch in fremde Sprachen übersetzen kann? Wie lässt sich beurteilen, ob die Aussage eines Politikers, den wir gerade auf einem Bildschirm sehen, wirklich von ihm stammt oder von KI generiert wurde? Werden wir bemerken, dass das Drehbuch für einen Kinofilm von einer KI geschrieben wurde? Und positiv gefragt: Wie können Sie persönlich KI sinnvoll für Ihr Leben nutzen?

Zwei Geschichten, die das Potenzial von KI anschaulich beschreiben

Die japanische Wissenschaftlerin Noriko H. Arai wollte testen, wie nahe KI dem Menschen schon kommen kann. Sie entwickelte den sogenannten Todai-Roboter und ließ ihn 2015 und 2016 anonymisiert zu der extrem selektiven schriftlichen Aufnahmeprüfung für die Universität von Tokio antreten. Der Roboter lag in Mathematik unter den besten ein Prozent aller Bewerber. Viel überraschender schrieb er in Englisch sogar einen der besten Essays. Trotzdem schaffte der Todai-Roboter den Aufnahmetest letztlich nicht, denn bei Aufgabenstellungen, die ein tiefes sprachliches und zwischenmenschliches Verständnis erforderten, scheiterte er oft kläglich, weil er die Fragen fehlinterpretierte. Das war sieben Jahre vor ChatGPT. Heute ginge der Vergleich zwischen KI und einem Studienbewerber sicher anders aus. KI schafft mittlerweile die US-Rechtsanwaltsprüfung mit überdurchschnittlichen Ergebnissen und damit die Zulassung in eine Anwaltskammer. Kein verheißungsvolles Szenario für angehende Rechtsanwälte – nicht nur in den USA.

Im Dezember 2017 besiegte das Schachprogramm Alpha-Zero von Google jenes von Stockfish 8, welches bis 2016 als bestes Computerschachprogramm galt. Stockfish 8 verfügte über Zugang zu Jahrhunderten an menschlicher Schacherfahrung und den besten existierenden Schachcomputern. Es konnte pro Sekunde siebzig Millionen Stellungen berechnen. AlphaZero schaffte hingegen nur 80.000 pro Sekunde und es wurde mit keinerlei Schachstrategien programmiert, nicht einmal mit den bekanntesten Eröffnungszügen. Dafür lernte AlphaZero mit KI, indem es gegen sich selbst spielte und sich Schach autodidaktisch beibrachte. Selbst Computerschachexperten waren verblüfft. AlphaZero gewann 28 von hundert Partien gegen Stockfish 8, die anderen 72 endeten unentschieden. Stockfish 8 konnte keine einzige Partie gewinnen. Raten Sie mal, wie lange AlphaZero gebraucht hat, um das Schachspiel von Anfang an zu erlernen und dann geniale Strategien zu entwickeln? Ein Jahr, einen Monat, eine Woche? Die richtige Antwort lautet: vier Stunden.[1]

Die Büchse der Pandora – wie gefährlich ist Künstliche Intelligenz?

Martin Pleyer beschäftigt sich in seiner Diplomarbeit mit KI im medizinischen Bereich zur Analyse von Computertomografie-Scans: »Im Rahmen meiner Diplomarbeit haben wir zum Beispiel herausgefunden, dass ein erfahrener Oberarzt als Radiologe zur Analyse eines Computertomografie-Scans des Bauchraums mindestens zehn bis 15 Minuten braucht. Wir reden hier von dem Erkennen einer Krankheit und von einer Diagnose. KI hat das in eineinhalb Minuten geschafft. Im Rahmen meines Forschungsprojekts vermuten wir ähnliche Genauigkeit, wenn nicht sogar eine bessere, je nachdem, wie gut trainiert diese KI ist. Wenn der Arzt dadurch mehr Zeit für den Patienten gewinnt, dann finde ich das eine durchaus positive Entwicklung, die auch dem Ärztemangel entgegenwirken kann. Ärzte werden nicht verdrängt von KI, sondern Ärzte werden von Ärzten verdrängt werden, die KI verwenden.«
Beim selektiven Aufnahmetest für das Medizinstudium ist Martin Pleyer überzeugt davon, dass ChatGPT alle Formate des Medizin-Aufnahmetests bewältigen kann, die mit Schrift zu tun haben. Auch der Testteil zum Umgang mit Emotionen beruhe auf einer Art Algorithmus und könnte von KI gelöst werden. Die Ergebnisse des Medical-College-Admission-Tests (MCAT) bestätigen diese Einschätzung. Jener standardisierte Aufnahmetest für angehende Medizinstudenten in den USA, Australien und Kanada bewertet naturwissenschaftliche, physikalische, soziale, psycho-

logische Kompetenzen sowie kritisches Denkvermögen. ChatGPT hat in allen Kategorien gleich oder sogar besser als der Durchschnitt der Bewerber abgeschnitten.[2]

Befürworter sehen in der KI eher die Vorteile: KI sei nicht gut oder böse, sondern ultimativ werteneutral. Der Technik sei es völlig egal, was wir mit ihr machen. Sie wird den Menschen weder besser noch schlechter machen. KI ist ein Werkzeug wie ein Schraubenzieher. Der zieht die Schraube nicht an, sondern er hilft dem Menschen, die Schraube anzuziehen. Daher sagt Oren Etzioni, einer der Pioniere der Erforschung von KI: »Ich habe keine Angst vor dem Werkzeug an sich, sondern davor, wie Menschen es einsetzen. Die Gefahr geht von böswilligen Akteuren oder Schurkenstaaten aus.«[3]

Bereits im Jahr 1942 veröffentlichte Issac Asimov in einem Science-Fiction-Magazin seine drei Roboter-Gesetze, die vor Machtmissbrauch sowie der Gefahr der Herrschaft der Künstlichen Intelligenz über die Menschheit schützen sollten:

1. Ein Roboter darf kein menschliches Wesen verletzen oder durch Untätigkeit zulassen, dass einem menschlichen Wesen Schaden zugefügt wird.

2. Ein Roboter muss den ihm von einem Menschen gegebenen Befehlen gehorchen – es sei denn, ein solcher Befehl würde mit Regel eins kollidieren.

3. Ein Roboter muss seine Existenz beschützen, solange dieser Schutz nicht mit Regel eins oder zwei kollidiert.

Die drei Gesetze sind hierarchisch aufgebaut. Regel zwei bedeutet, dass sich ein Roboter auf Befehl des Menschen selbst zerstören muss, aber keinen anderen Menschen töten darf, weil es Regel eins widersprechen würde. So einleuchtend die drei Regeln sind, können sie trotzdem zu gefährlichen Situationen führen, wie Asimov in seinen Robotergeschichten erzählt.[4] Sie müssen nur »Roboter« durch das Wort »KI« ersetzen, um zu erkennen, wie aktuell Asimovs Gesetze heute sind.

Heute wie damals gilt: Es liegt an uns Menschen, wie und wofür wir KI einsetzen. Technologie verstärkt Tendenzen der Gesellschaft und sie steigert bereits vorhandene Eigenschaften von Menschen. Aber Technologie verursacht sie nicht. KI wird die Menschheit nicht sozialer oder unsozialer machen, sondern die Gesellschaft wird durch Entscheidungen, die getroffen werden, unsozialer oder sozialer. Technologie kann der Unterdrückung dienen, wie in Russland und China, sie kann genauso als ein Werkzeug der versuchten Befreiung dienen, wie im Arabischen Frühling oder bei der Protestbewegung im Iran.

Die Mehrzahl der erfolgreichsten Science-Fiction-Filme wie *2001: Odyssee im Weltraum*, *Blade Runner*, *Uhrwerk Orange*, *Matrix* oder *Terminator* zeigt eine technisch hochentwickelte Zukunft, die aber vor allem in ethischer Hinsicht viel schlimmer als die Gegenwart ist. Offenbar glauben wir eher an den Fortschritt der Technik als an die moralische Weiterentwicklung des Menschen.

Die größte Unsicherheit und Gefahr sehen Skeptiker in der Tatsache, dass KI erst ganz am Anfang ihrer Entwicklung steht. KI ist wie einem Baby knapp nach der Geburt, wo man überhaupt noch nicht einschätzen kann, wie liebevoll und genial oder herrschsüchtig und gefährlich es sich als Erwachsener entpuppen wird. Im Gegensatz zu einem organischen Wesen wächst KI aber nicht in biologischen Zyklen auf, braucht keinen Schlaf und keine Nahrung, sondern ist permanent aktiv.

Der Zukunftsdenker Yuval Harari ist der Überzeugung, dass KI die erste Technologie verkörpert, die selbst Entscheidungen treffen kann.[5] Das stellt für ihn einen fundamentalen Unterschied zu allen bisherigen technologischen Innovationen vom Buchdruck bis zur Atombombe dar. Letztere kann zwar ganze Städte zerstören, aber nicht entscheiden welche, das wird zuvor von Menschen programmiert. Nun ist unbestritten, dass KI schon heute wichtige Entscheidungen über Menschen trifft, etwa ob sie einen Kredit von ihrer Bank bekommen, ob ihnen als Arbeitslose eine Umschulung vom Staat finanziert wird oder ob sich eine bestimmte teure medizinische Therapie für sie zur Verlängerung der Lebenszeit noch lohnt. Die wahrscheinlich umstrittenste These von Yuval Harari ist seine Behauptung, dass KI die erste Technologie sei, die neue Ideen produzieren könne. Er argumentiert, dass die Erfindung der Druckpresse durch Gutenberg zwar die millionenfache Verbreitung der Bibel ermöglichte, aber deren Inhalt weder beurteilen noch verändern konnte. KI könnte sehr wohl eine neue Bibel schreiben und in einigen Jahren eine neue Religion erschaffen. Friedensnobelpreisträger Muhammad Yunus fürchtet sogar, dass unsere gesamte

Vorstellung von der Welt nach und nach von der KI übernommen werde: »Die KI wird mehr Macht ausüben als der Mensch, weil sie über weit mehr Ressourcen verfügt.«[6]

KI wächst im Vergleich mit einem Kind mit unglaublicher Geschwindigkeit. ChatGPT und viele der anderen KI-Anwendungen entsprechen dem Entwicklungsstand eines Babys, das noch von seiner Mutter, in diesem Fall von seinen Programmierern abhängt. Der Fortschritt in den Laboren in den USA und China ist allerdings sicher schon über die ersten Babymonate hinaus. Doch was wird passieren, wenn KI ihre ersten völlig eigenständigen Schritte auf zwei Beinen macht, und erst, wenn sie das Trotzalter erreicht? Welche Konsequenzen hätte es, wenn KI sich als Schraubenzieher entpuppt, der ungesteuert vom Menschen von sich aus beginnt, an Schrauben zu drehen, mit ungeahnten Konsequenzen? Wir wissen es nicht – es sollte uns aber nicht gleichgültig sein.

So können Sie KI persönlich nutzen

Einfache Anwendungen, die sofort den Nutzen von KI zeigen, sind zum Beispiel, ein Bewerbungsschreiben, ein Angebot oder einen Werbetext für ein Produkt schreiben zu lassen. Weiterentwickelte Formen von KI gestalten aus einer Text-Präsentation eine Power-Point-Präsentation. Sie können eindrucksvolle Bilder generieren, Quellen für Schularbeiten oder Hausarbeiten suchen, ja Sie können diese auch gleich schreiben lassen. Sollte freilich Ihr Professor technisch einigermaßen auf dem Laufenden sein, so verfügt er über Programme, mit denen er KI-generierte Texte entlarven kann.

ChatGPT ist nur die bekannteste KI, es gibt mittlerweile Tausende und täglich kommen neue dazu. ChatGPT ist ein sogenannter Chatbot, der mithilfe von KI Fragen zu den unterschiedlichsten Themen in einer bisher unvorstellbaren Qualität beantworten kann. Wie funktioniert das? Die Technologie basiert auf tiefen neuronalen Netzen, bei der spezielle Algorithmen mit riesigen Daten darauf trainiert werden, bestimmte Zusammenhänge zu erkennen und später auf unbekannte Daten anwenden zu können. Technisch nicht ganz korrekt, aber anschaulich formuliert könnte man sagen, ChatGPT berechnet aus einer Unmenge von Daten Wahrscheinlichkeiten, wie bestimmte Inhalte sinnvoll zusammengefügt werden könnten.

Das Potenzial ist ungeheuer im wahrsten Sinne des Wortes. Vielleicht erinnern Sie sich noch an das von einer KI kreierte Foto von der Verhaftung Donald Trumps in New York, oder harmloser, das Fake-Bild, auf dem Barack Obama mit Angela Merkel barfuß am Strand spielen. Wie geht das? Auf Midjourney (*www.midjourney.com*) beschreiben Sie das Foto, das Sie haben möchten, möglichst genau und können das Ergebnis dann immer weiter optimieren.

Eingaben in eine KI nennt man »Prompts«. Viele Erstanwender von ChatGPT sind oft enttäuscht von den Ergebnissen und sagen sich: »Das ist doch gar nicht das, was ich wollte, offenbar kann das die KI gar nicht.« Die Ursache liegt aber meist nicht in der KI, sondern in einer falschen oder ungenauen Aufgabenstellung. Ein Beispiel zur

Verdeutlichung: Ihren Kindern Märchen vorzulesen gehört für viele Eltern zu den schönsten Aufgaben, am besten kommen die selbst erfundenen an. Nehmen wir an, Sie haben zwei Kinder, ein Mädchen Marie und einen Buben Elias. Wenn Sie bei ChatGPT nur eingeben: Schreibe mir ein Märchen für meine Kinder, dann wird wenig herauskommen. Nutzen Sie daher einen konkreteren Prompt: Schreibe mir ein Märchen, in dem die Prinzessin Marie drei schwierige Aufgaben zu bewältigen hat: Freundschaft mit einem Einhorn zu schließen, ihre verschollene Freundin Patricia von einem Drachen zu befreien und ein schwieriges Rätsel zu lösen. Sie wird dabei vom Magier Elias mit seinen Zauberkräften unterstützt. Das Märchen soll mit einem spannenden Twist enden und neugierig auf die Fortsetzung machen. Mit dieser Eingabe werden Sie eine spannende Geschichte in Sekundenschnelle bekommen, die Ihre Kinder begeistert.

Für Unternehmen, die KI professionell nutzen wollen, entsteht gerade ein völlig neues Berufsfeld: Prompt Engineering, die Beratung, wie man Eingaben so formuliert, um hochqualitative Resultate zu erzielen.

Willkommen in der »schönen neuen Welt«

Sie können einen Text sprechen und dieser wird dann mit Ihrer Stimme in Mandarin oder andere Sprachen übersetzt. Im Bereich der Kunst ist es möglich, sich ein Bild im Stil von Picasso, Andy Warhol oder Gerhard Richter malen zu lassen. Sie können ein Lied inspiriert von den Beatles, Lady

Gaga oder Ed Sheeran komponieren lassen und daraufhin die Geschwindigkeit, die Stimmung und andere Merkmale nach ihren Wünschen adaptieren.

Wer es noch nie versucht hat, dem sei die Website *www.openai.com* als Einstieg empfohlen, Sie können sich dort kostenlos mit Ihrer E-Mail-Adresse registrieren und sofort loslegen. Wollen Sie als Laie einfach und praktisch selbst mit KI experimentieren, empfehle ich eine von OpenAI entwickelte Software, die den Vorteil hat, dass sich jedes Ergebnis immer wieder optimieren lässt: *www.bing.com/create*

Hier sind einige generelle Anwendungsmöglichkeiten für KI:

Personalisierte Lerninhalte: KI kann dazu verwendet werden, individuelle Lernpfade und Inhalte zu erstellen, die auf die Bedürfnisse und das Lernverhalten von Lernenden zugeschnitten sind. Anhand von Datenanalyse und maschinellem Lernen kann die KI das Lernverhalten von Lernenden analysieren und personalisierte Lerninhalte anbieten, die auf deren Stärken, Schwächen und Lernstil zugeschnitten sind, um das Lernen effizienter zu gestalten.

Automatische Bewertung von Lernleistungen: KI kann eingesetzt werden, um Lernleistungen automatisch zu bewerten, zum Beispiel bei Online-Tests oder Quizfragen. Dadurch können Lehrkräfte Zeit sparen und das Feedback schneller an die Lernenden zurückgeben, um ihren Lernfortschritt zu unterstützen.

Sprach- und Bilderkennung: KI-gestützte Sprach- und Bilderkennungstechnologien können verwendet werden, um das Lernen effizienter zu gestalten. Zum Beispiel können Lernende mithilfe von Spracherkennungstechnologie ihre Aussprache oder ihre schriftlichen Fähigkeiten verbessern. Bilderkennungstechnologie kann verwendet werden, um Bildungsinhalte interaktiver zu gestalten, indem sie Lernenden ermöglicht, mit Bildern oder Diagrammen zu interagieren.

Empfehlungssysteme: KI kann verwendet werden, um personalisierte Empfehlungen für Lerninhalte oder Lernressourcen bereitzustellen, basierend auf dem individuellen Lernverhalten, den Vorlieben und dem Fortschritt der Lernenden. Dies kann den Lernprozess effizienter gestalten, indem es den Lernenden hilft, relevante Inhalte schneller zu finden und zu nutzen.

Wie können Sie erkennen, ob ein Text von einem Menschen oder von KI stammt?

Wenn KI offenbar die US-Rechtsanwaltsprüfung oder den Aufnahmetest für das Medizinstudium schafft, wie lässt sich herausfinden, ob ein Text von einem Menschen oder einer Maschine stammt? Das mag für Sie zum Beispiel wichtig sein, sollte Ihnen ein Unbekannter eine besonders charmante Nachricht auf Facebook oder Instagram schreiben. Sind Sie auf Tinder unterwegs, wird es sogar noch spielentscheidender sein, zu wissen, ob Sie gerade mit einer Maschine oder einem Menschen flirten.

»Hallo da! Ich bin Andreas und ich bin auf der Suche nach jemandem, mit dem ich das Leben in vollen Zügen genießen kann. Ich liebe es, die Welt zu erkunden, neue Abenteuer zu erleben und lachend durchs Leben zu gehen. Wenn du nach jemandem suchst, der Humor, Charme und eine positive Einstellung mitbringt, dann bist du bei mir genau richtig. Lass uns gemeinsam die Funken sprühen und sehen, wohin uns dieses Abenteuer führt! Swipe nach rechts, wenn du bereit bist, gemeinsam mit mir durch dick und dünn zu gehen.«

Wenn Sie sich angesprochen fühlen und mir sofort antworten wollen, dann kann ich Sie gerne mit ChatGPT bekannt machen, der Text stammt von dort. Das verdeutlicht die Gefahr, dass wir selbst in der Intimsphäre unserer menschlichen Beziehungen in Zukunft nie mehr ganz sicher sein können, ob wir mit einem Menschen, mit einem Menschen, der KI nutzt, oder überhaupt nur mit KI kommunizieren.

Wenn die Lüge wahrer als die Wahrheit scheint

Einige Indizien, mit denen Sie erkennen können, ob ein Text von einem Menschen oder von KI geschrieben wurde:

Inhaltliche Kohärenz: Ein Text von einer KI kann manchmal ungewöhnliche oder zusammenhanglose Ideen enthalten. Es kann vorkommen, dass sich der Text inhaltlich widerspricht oder unpassende Informationen enthält. Ein von einem Menschen verfasster Text hingegen neigt dazu, einen kohärenten und logischen Gedankenfluss zu haben.

Stil und Ausdruck: Menschen haben individuelle Schreibstile, die auf ihrer Persönlichkeit, Erfahrung und kulturellen Hintergründen basieren. Ein von einer KI generierter Text kann sich möglicherweise in Bezug auf den Stil, die Ausdrucksweise oder die Verwendung von Redewendungen von einem menschlichen Text unterscheiden.

Emotionale oder subjektive Elemente: Die Fähigkeit, emotionale Nuancen oder persönliche Erfahrungen in einem Text auszudrücken, ist oft ein menschliches Merkmal. KI-Texte können in der Regel sachlicher oder distanzierter sein und weniger emotionalen Ausdruck zeigen.

Fehler oder Ungenauigkeiten: KI-Texte sind normalerweise sehr gut darin, grammatikalisch korrekte Sätze zu erzeugen. Allerdings können sie gelegentlich Fehler machen, die von einem Menschen leicht erkannt werden können. Das können Rechtschreibfehler, inkorrekte Satzstrukturen oder ungewöhnliche Wortwahl sein.

Achtung Test: Zwei Abschnitte in diesem Kapitel sind nicht von mir, sondern von KI geschrieben. Es ist gar nicht schwer, das herauszufinden, vielleicht haben Sie sich bei einzelnen Passagen gefragt: »Warum schreibt der auf einmal so eigenartig?« Die Auflösung finden Sie in den Fußnoten.[7] Keine Sorge, alle anderen Texte in diesem Buch stammen von Menschen.

Der Eine-Million-Nutzer-Sprint – oder warum wir KI nicht ignorieren können

Ein Indiz für die Bedeutung einer technologischen Innovation ist der Zeitraum, den sie braucht, um eine Million Nutzer zu erreichen. Als Netflix 1999 startete, war das Unternehmen von dieser Marke noch dreieinhalb Jahre entfernt. Twitter benötigte zwei Jahre, Facebook zehn Monate, Dropbox sieben, Spotify fünf und Instagram zweieinhalb Monate, um eine Million Nutzer zu schaffen. ChatGPT überschritt diese Schwelle nach fünf Tagen.

Sinnvoll genutzt und gerecht verteilt, bietet KI vielfältige Chancen zum Nutzen aller. Wir überschätzen allerdings den Einfluss der Politik in Demokratien und unterschätzen jenen der großen Technologie-Konzerne. Darum dürfen wir die nächsten Stufen der Evolution keinesfalls nur den Software-Entwicklern überlassen. Die Forderungen nach Verboten der weiteren KI-Forschung mögen zwar verständlich sein, sind aber ähnlich erfolgversprechend wie der Versuch, Zahnpaste zurück in die Tube zu bekommen. Was aber selbst einige der Entwickler von KI verlangen, ist Zeit, um die Konsequenzen und gesellschaftlichen Folgen von KI in allen Dimensionen zu prüfen, bevor diese für die breite Öffentlichkeit freigegeben wird. Denn ähnlich wie bei Fahrzeugen oder Medikamenten könnten Regierungen sehr wohl strenge Zulassungsverfahren gesetzlich festlegen. Kein Hersteller von Lebensmitteln, nicht einmal von Staubsaugern, kann solche Produkte einfach ohne die Erfüllung von sehr genau definierten Kriterien an Kunden verkaufen. Das sollte daher auch für eine neue Technologie mit bisher nicht abschätzbaren Folgen gelten, bei der sich die Menschheit gerade im Dunkel tastend Schritt für Schritt voran wagt, nicht wissend, worauf sie stoßen wird.

Wer die rasante Entwicklung von KI als Nation, Unternehmen, Selbstständiger verpasst, wird gegenüber Mitbewerbern, die KI aktiv nutzen, chancenlos sein. Nur wie das Kaninchen auf die Schlange zu starren, wird nicht ausreichen.

> *»Jede revolutionäre Idee scheint drei Reaktionsstufen hervorzurufen. Sie können in drei Sätzen zusammengefasst werden: 1. Es ist völlig unmöglich. 2. Es ist möglich, aber es lohnt sich nicht. 3. Ich habe die ganze Zeit gesagt, dass es eine gute Idee war.«*

> *Arthur C. Clarke*

---

1 Yuval Harari: *21 Lektionen für das 21. Jahrhundert.*

2 Performance of ChatGPT on the MCAT: The Road to Personalized and Equitable Premedical Learning in BMJ Yale University, 5.3.2023.

3 *DER SPIEGEL* vom 8.7.2023, S. 16.

4 Isaac Asimov: *Ich, der Roboter: Erzählungen.* Die Geschichten sind die Basis der gleichnamigen Verfilmung von Alex Proyas aus dem Jahr 2004.

5 Yuval Harari in einem Interview mit der Fundação Francisco Manuel dos Santos im Mai 2023, veröffentlicht auf YouTube.

6 Muhammad Yunus im *SPIEGEL* vom 10.6.2023, S. 71.

7 Die beiden Abschnitte »Hier sind einige generelle Anwendungsmöglichkeiten für KI« und »Indizien, mit denen Sie erkennen können, ob ein Text von einem Menschen oder von KI geschrieben wurde« sind von ChatGPT formuliert.

Hierarchie ist nie genug – wer führt, muss Menschen mögen

Am 5. August 1997 prallte das Flugzeug der Korean Airlines 801 gegen die Flanke von Nimitz Hill, einem dicht bewaldeten Berg fünf Kilometer südwestlich des Flughafens von Guam.

Der Pilot war 42 Jahre alt, bei bester Gesundheit und hatte 8.900 Stunden Flugerfahrung. Einige Monate zuvor war er von seiner Fluggesellschaft mit einem Sicherheitspreis ausgezeichnet worden, weil er den Ausfall eines Jumbo-Triebwerks bei niedriger Flughöhe erfolgreich gemeistert hatte. Wie konnte das passieren und was hat dieser Unfall mit Hierarchie und Führung zu tun?

Hier das Ermittlungsergebnis mit der Konzentration auf das Kommunikations- und Führungsverhalten der beiden Piloten und des Flugingenieurs:

Der Flughafen von Guam verfügt über einen Gleitwegsender, das ist ein gewaltiger Radarstrahl, der vom Flughafen aus in den Himmel reicht. Nur in jener Nacht war er wegen Reparaturarbeiten abgeschaltet. Die Piloten wussten das natürlich, und in diesem Zeitraum landeten 1.500 Flugzeuge sicher auf Guam. Das Wetter war mittelmäßig, aber in der Nähe des Flughafens gab es Schlechtwetterzellen. Der Kapitän entschied sich für eine Sichtlandung.

Aus einigen Kilometern Entfernung sah er die Lichter von Guam und entspannte sich. Er orientierte sich am Drehfunkfeuer, das Signale aussendet, mit deren Hilfe der

Pilot im Anflug auf den Flughafen seine Flughöhe berechnen konnte. Theoretisch hätte das funktioniert, doch die Sache hatte einen Haken. Das Drehfunkfeuer, an dem er sich orientierte, befand sich nicht am Flughafen selbst, sondern vier Kilometer entfernt auf dem Nimitz Hill. Wer daher dem Drehfunkfeuer auf Guam stur nachflog, würde direkt in den Berg krachen. Das wusste der Pilot selbstverständlich. So stand es auch in den Navigationskarten des Flughafens, und diese Tatsache wurde vom Piloten ausdrücklich in der Vorbesprechung vor dem Start erwähnt. Aber dann war es ein Uhr Nacht und der Pilot übermüdet und vom Jetlag gezeichnet. Treffen technische Herausforderungen mit schlechtem Wetter zusammen, erfordern sie vor allem Teamwork der Besatzung. Und genau hier begannen die Probleme von Korean-Airlines-Flug-801. Wie die Flugaufzeichnung des Voice Recorders dokumentiert:

Erst kurz vor der Landung fragte der Erste Offizier den Kapitän: »Meinen Sie, es wird weiter regnen hier in der Gegend?« Im Cockpit herrschte keine kollegiale Atmosphäre wie etwa in US-Fluglinien. Die koreanische Kultur legt großen Wert darauf, dass der unterschiedliche Status zwischen zwei Gesprächspartnern respektiert wird. So ist es durchaus üblich, dass der Erste Offizier das Gepäck des Kapitäns trägt. Wenn also der Erste Offizier fragte: »Meinen Sie, es wird weiter regnen?«, dann wollte er damit in Wahrheit sagen: »Kapitän, wir haben uns für eine Sichtlandung entschieden, haben keine Alternative vorbereitet und das Wetter ist schlecht. Sie sind wirklich der Ansicht, dass wir rechtzeitig aus den Wolken kommen werden, um die Landebahn zu sehen? Was ist, wenn das nicht passiert? Es ist dunkel, es regnet und der Gleitwegsender ist abgeschaltet.«

Aber so konnte der Erste Offizier das nicht sagen, das wäre ein grober Verstoß gegen die Kultur des Respekts gegenüber dem Vorgesetzten gewesen. Also machte er nur eine Andeutung. Es waren noch dreißig Kilometer bis zum Flughafen und vor ihnen lag schlechtes Wetter. Es gab einen eigenen primär für die Beobachtung der Wetterbedingungen verantwortlichen Ingenieur im Cockpit. Als Unterster in der Hierarchie wandte sich der Ingenieur an den Kapitän: »Das Wetterradar hat uns heute sehr geholfen.« Der Bordingenieur wollte mit seinem zaghaften Hinweis die Bedenken des Ersten Offiziers unterstreichen, im Klartext meinte er: »Wir haben heute Nacht nicht die Bedingungen, um uns bei der Landung allein auf die Sicht verlassen zu können. Schauen Sie auf den Radarschirm: Vor uns liegt schlechtes Wetter.« Für Außenstehende mag es befremdlich klingen, dass der Bordingenieur das Thema nur ein einziges Mal und noch dazu indirekt ansprach. Und das in einer Situation, als er befürchten musste, dass der Flugkapitän in einer stürmischen Nacht versuchen würde, auf einem Flughafen mit defektem Gleitwegsender zu landen. Falsch verstandener Respekt führte dann direkt in die Katastrophe.

Um 1.41 Uhr sagte der Kapitän: »Scheibenwischer an«, und der Ingenieur führte den Befehl aus. Es regnete. Der Erste Offizier suchte die Landebahn und konnte sie nicht erkennen. Er fragte laut: »Nichts zu sehen?« Eine Sekunde später meldete sich die elektronische Stimme der Höhenwarnung: »500 Fuß.« Das Flugzeug befand sich 160 Meter über dem Boden.

Aber wie konnte das sein, wenn sie noch nicht einmal die Landebahn sehen konnten? Weitere zwei Sekunden vergingen. Dann ging alles blitzschnell: Um 1.42 Uhr und 19 Sekunden sagte der Erste Offizier: »Führen wir einen Fehlanflug durch.« Das heißt, sie würden durchstarten, einen Bogen fliegen und erneut zur Landung ansetzen. Drei Sekunden später wiederholte der Offizier diesmal laut und energisch: »Durchstarten.« Um 1.42 Uhr und 23 Sekunden hörte man den Kapitän »Durchstarten« sagen, doch die Maschine war bereits zu langsam, um in den Steigflug überzugehen. Um 1.42 Uhr und 26 Sekunden prallte das Flugzeug mit einer Geschwindigkeit von 160 Kilometern gegen die Flanke von Nimitz Hill. Als die Rettungsmannschaft am Unglücksort eintraf, waren 228 der 254 Menschen an Bord tot.

Starre Hierarchien können lebensgefährlich sein

»Stehe an der Spitze, um zu dienen, nicht, um zu herrschen.«

Bernhard von Clairvaux, französischer
Zisterzienser-Abt und Theologe

Wie gehen Sie mit einem Vorgesetzten um, der das Wissen von gestern und die Macht von heute hat? Sollten Sie sich nicht sicher sein, ob Sie einer Entscheidung Ihres Chefs widersprechen oder lieber schweigen sollen, wenn Leben oder Tod auf dem Spiel stehen könnten, so reden Sie bitte im Zweifel. Das betrifft auch die viel häufigeren Situationen im Alltag, indem etwa der dominante Elternteil, egal

ob Vater oder Mutter, sich bei der Familien-Wanderung eindeutig verirrt hat, dies aber hartnäckig leugnet und trotz
einer aufziehenden Gewitterfront stur nach dem Motto
»Nachdem wir das Ziel endgültig aus den Augen verloren
hatten, verdoppelten wir die Anstrengung« weitermar-
schieren will.[1]

Mit Hierarchie war ursprünglich die »heilige Herrschaft« der Hohepriester in alten Kulturen gemeint. Davon
leitete sich jahrhundertelang die Grundhaltung vieler Organisationen »die oben denken und die unten führen aus«
ab. Dieses veraltete Denkmuster gefährdet schlimmsten-
falls Menschenleben wie im Beispiel der Korean Air. Starre
Hierarchien können auch die Überlebensfähigkeit ganzer
Unternehmen bedrohen. Beim »Diesel-Skandal« von VW
forderte das Topmanagement ein Abgasreinigungssystem,
das kostengünstig die strengeren gesetzlichen Grenzwerte
erreichen sollte. Dies erwies sich als nicht machbar, trotzdem erhöhte der Vorstand den Druck auf die Techniker.
Niemand wagte, den Bossen zu sagen: »Tut uns leid, das
ist technisch zu den vorgegebenen Kosten unmöglich.«
Stattdessen erfanden die Techniker eine »kreative«, aber
illegale Methode, mit deren Hilfe die Motorsteuerung erkannte, dass ein Test stattfand und eine spezielle Software
den Schadstoffausstoß kurzfristig reduzierte. VW leugnete
lange die Manipulation der beworbenen Modelle, bis diese Verteidigungsstrategie aufgrund von Kronzeugenaus-
sagen aus dem Unternehmen zusammenbrach. Aus dem
»Clean-Diesel« wurde das »Dieselgate«. Die Schadenersatz-
ansprüche betrugen Milliarden, der Ruf von VW wurde be-

schädigt und mehrere Topmanager verurteilt. »Die Reform beginnt an der Spitze. Die Treppe muss von oben gekehrt werden«, hat der deutsche Wirtschaftswissenschaftler Hermann Simon einmal gesagt.

Organisationen benötigen Kulturen, die Widerspruch und Einwände nicht nur tolerieren, sondern dazu ermutigen. Reed Hastings, der legendäre Gründer von Netflix, etablierte eine Kultur, wo Mitarbeiter gekündigt wurden, wenn sie nicht den Mut aufbrachten, als Einzige in einem Meeting ihre Vorbehalte gegen eine Entscheidung zu äußern. Wer sich für die radikale Unternehmensphilosophie von Netflix interessiert, dem sei das Buch *Keine Regeln: Warum Netflix so erfolgreich ist* von Reed Hastings empfohlen.

Die meisten Chefs schätzen kreative Mitarbeiter. Allerdings nur, solange sich diese kooperativ zeigen. Sobald sie jedoch den Status quo massiv angreifen, stoßen sie auf Ablehnung und Widerstand. Dabei wissen wir von Joseph Schumpeter, dass Originalität ein Akt der schöpferischen Zerstörung ist. Doch wie erkennt man als Verantwortlicher die oft schmale Grenze zwischen einem Vordenker und einem Querulanten? Und wie können Sie selbst mit kreativen Ideen in Ihrer Organisation den Widerstand der höheren Etagen überwinden? Der Wharton-Psychologe Adam Grant empfiehlt:[2] Scheuen Sie sich nicht, Ihre unkonventionellen Ideen immer zu wiederholen und schaffen Sie Anknüpfungspunkte an Bestehendes. In der Regel fördert das die positiven Reaktionen, weil Innovationen mit der Zeit nicht mehr so bedrohlich klingen. Das »Vom-Saulus-zum-Paulus-Prinzip« funktioniert auch heute noch: Gewinnen

Sie zumindest einen Gegner für Ihre Idee. Dieser kann viel glaubhafter argumentieren, weil er imstande ist, die Bedenken der Skeptiker besser nachzuvollziehen.

Von Fluglinien, Familienausflügen und Unternehmen zu einer Institution, mit der wir alle früher oder später zu tun bekommen und die traditionell hierarchisch ausgerichtet ist. Elisa Briem studiert derzeit Medizin: »Ich glaube, in vielerlei Hinsicht profitiert man von Hierarchien oft gar nicht so, wie man denkt. Man sieht gerade in jenen Ländern, in denen das Gesundheitssystem sehr gut funktioniert, dass die Hierarchien oft nicht so stark ausgeprägt sind. Man muss beginnen zu hinterfragen, warum und vor allem wo wir fixe Hierarchien tatsächlich brauchen. Im Spital habe ich das Gefühl, dass Hierarchien manchmal Machtmissbrauch eher begünstigen und die jüngeren Ärzte im Vergleich zu den älteren ausgenutzt werden. Sobald aber die Jüngeren aufsteigen, verhalten sie sich offenbar oft aus Selbstschutz ebenso wie ihre Vorgänger. Ich bin überzeugt, dass da einfach von struktureller Ebene viel mehr Veränderungswille kommen müsste, um Hierarchien zu hinterfragen und die Organisation offener und flexibler zu gestalten.«

Ganz konkret: Soll die Krankenschwester, die vom Primar eine bestimmte Dosis für einen Patienten aufgeschrieben bekommen hat, diese als viel zu hoch empfindet, die diensthabende Oberärztin im Nachtdienst wirklich aufwecken, um nochmals nachzufragen? Oder: Soll der neue junge Mitarbeiter in einem Forschungslabor, dem auffällt, dass bei einem neuen Medikament, das gerade erfolgreich in der Phase III ist, eventuell ein Datenfehler übersehen wurde, als Einziger Alarm schlagen, obwohl er vielleicht nur etwas falsch verstanden hat? Meist ist es die Angst vor negativen Konsequenzen, die eine gute Zusammenarbeit und Lösungen blockiert. Die Antwort auf die Frage, wie man richtig führt, ob man aus Gründen der Dringlichkeit schnell allein entscheidet oder trotzdem andere einbezieht, ist keine Ja-Nein-Frage.

»Management ist, Dinge richtig zu machen; Führung ist, die richtigen Dinge zu tun«, lautet eine Maxime von Management-Pionier Peter Drucker. Insbesondere heute verlangt Führungsverantwortung mehr, als nur aufgrund von Fakten Entscheidungen zu treffen, sondern den richtigen Dingen die Aufmerksamkeit zu geben und Menschen neue Handlungsmöglichkeiten zu zeigen. Moderne Führung baut auf drei Prinzipien auf: Sinn, Zuversicht und Einflussmöglichkeit. Ruth Seliger beschreibt in ihrem Buch *Positive Leadership* das Zusammenspiel dieser drei Elemente und deren Umsetzung in der Praxis.[3]

Warum erfolgreiche Menschen fürchten, als Hochstapler enttarnt zu werden

Vielen im Leben erfolgreichen Menschen wurde in ihrer Kindheit eingeredet, dass sie unfähig wären und scheitern würden. Daher starten sie mit einem geringen Grundvertrauen ins Leben und versuchen mit großer Anstrengung, ständig ihre beruflichen Fähigkeiten zu verbessern. Sie lesen Hunderte von Büchern, um Bestätigung darin zu finden, dass das, was sie intuitiv ohnehin richtig machen, auch wissenschaftlich abgesichert ist. Dieser Drang, anderen etwas zu beweisen, führt manchmal zu erstaunlichen Karrieren. Aber gerade die besonders Erfolgreichen leiden oft am »Impostor-Phänomen«, auch Hochstapler-Syndrom genannt. Trotz offensichtlicher beruflicher Erfolge plagen sie massive Selbstzweifel bezüglich ihrer beruflichen Fähigkeiten. Immer wieder fürchten sie, als Schwindler enttarnt zu werden, die in Wahrheit alles nur vortäuschen und entscheidende Dinge nicht wissen. Sie führen ihre Erfolge auf Zufall oder Fehleinschätzungen anderer zurück.

Wenn Sie ein ähnliches Muster an sich selbst entdecken, sind Sie nicht allein. Psychologische Studien aus den 1980er-Jahren schätzen, dass zwei von fünf erfolgreichen Menschen sich selbst als Hochstapler einstufen. Anderen Studien zufolge fühlen sich siebzig Prozent aller Menschen unter bestimmten Umständen oder Zeiten als Hochstapler, obwohl sie objektiv über große Fähigkeiten verfügen.[4] Gerade für jenen Typus ist Selbsterkenntnis entscheidend. Denn sobald man versteht, dass dieses Syndrom zwar existiert, es aber zu einer verzerrten Realität führt, kann man über das Vertrauen in die eigenen Fähigkeiten und erzielte Erfolge auch sein Grundvertrauen ins Leben stärken. Dadurch fühlt man sich in seiner beruflichen Autorität nicht ständig angegriffen und kann sie souveräner ausüben.

Den Himalaja-Gipfel sehen oder sterben

Professoren aus den Bereichen Psychologie und Management analysierten Tausende von Bergsteigern im Himalaja-Gebiet[5] Sie stellten fest, dass aus jenen Teams, die aus Ländern mit einer stark hierarchischen Kultur stammten, mehr Bergsteiger den Gipfel erreichen konnten, dass aber auch mehr von ihnen unterwegs zu Tode kamen. Die Forscher vertraten die Auffassung, hierarchische Teams würden von einer klaren Kommandokette profitieren, litten aber unter der Einwegkommunikation, die Probleme verschleierte. Um zu überleben, aber auch um den Gipfel zu bezwingen, brauchten die Teams sowohl die Elemente einer hierarchischen als auch einer individualistischen Struktur. In unserer Welt voller Widersprüche ist die Fähigkeit, mit Ambivalenz umgehen zu können, eine der wichtigsten Führungsqualitäten. Davon handelt das Kapitel »Lernen Sie, mit Ambivalenz umzugehen«.

»Wessen wir am meisten im Leben bedürfen, ist jemand, der uns dazu bringt, das zu tun, wozu wir fähig sind.«

Ralph Waldo Emerson, amerikanischer Philosoph

1 Das Zitat stammt von Mark Twain.
2 Adam Grant: »Nonkonformisten: Warum Originalität die Welt bewegt«
3 Ruth Seliger: *Positive Leadership: Die Revolution in der Führung.* Schäffer-Poeschel. 2014.
4 Quelle: Wikipedia zum Impostor-Syndrom
5 Anja Garms: »Hierarchien erhöhen Sterberisiko bei Bergsteigern«. *Die Welt* vom 20.1.2015.

Lernen Sie, mit Ambivalenz umzugehen

*»Jenseits von richtig und falsch liegt
ein Ort. Dort treffen wir uns.«*

Dschalāl-ad-dīn Rūmī, persischer Dichter

Eine typische Ambivalenz ist die zwischen Sicherheit und Entwicklung. Sicherheit stellt ein zentrales menschliches Grundbedürfnis dar. Wir wollen auch morgen zu essen, einen Platz zum Wohnen und ein fixes Einkommen haben. Je mehr wir besitzen, desto größer wird das Bedürfnis, es gegen Verlust abzusichern. In der Partnerschaft legen die meisten Wert auf eine gewisse Stabilität. Wir möchten nicht ständig fürchten müssen, betrogen oder gar verlassen zu werden, nur weil unser Partner jemanden kennenlernt, von dem er sich spontan angezogen fühlt. Wer sich aber von seinem Sicherheitsbedürfnis versklaven lässt, dessen persönliche Entwicklung wird im Stillstand enden. Statt Möglichkeiten zu sehen, wird er immer das Schlimmste befürchten und anderen mit Argwohn begegnen. Im Privatleben wird er seinen Partner überwachen und der Untreue verdächtigen, was irgendwann dazu führen könnte, ihn tatsächlich zu verlieren. Richten wir unser gesamtes Leben nur mehr auf die Absicherung aus, blockieren wir das zweite menschliche Grundbedürfnis, nämlich den Wunsch nach Weiterentwicklung.

Fühlen wir uns im Job unterfordert, dann sehnen wir uns nach einem interessanteren. Vielleicht verlangt der bessere Job, dass wir an einen anderen Ort wechseln und uns in einem neuen Umfeld bewähren müssen. Das kann aber einen Konflikt mit dem Sicherheitsbedürfnis unseres Partners auslösen. Wir wollen uns beruflich weiterentwickeln, der andere sieht das als Bedrohung für die Beziehung. Leben wir das Bedürfnis nach Veränderung ungebremst aus, so wird unser Leben rastlos und ohne Halt. Sich ständig alle Optionen offenzuhalten macht es schwer, verbindliche Vereinbarungen zu treffen.

Das Hin-und-Hergerissen-Werden ist keine Verschwörung des Schicksals gegen uns

Erst indem wir lernen, die Spannungen zwischen den unterschiedlichen Stimmen in uns auszuhalten, können wir unsere Persönlichkeit weiterentwickeln. Unter Ambivalenz versteht man das Nebeneinander von gegensätzlichen Gefühlen, Gedanken und Wünschen. Zur Verdeutlichung einige Beispiele für Ambivalenzen.

Globale Ambivalenzen: Objektiv betrachtet ist der Kampf gegen den Klimawandel eine Aufgabe, die nur global durch eine konstruktive Zusammenarbeit aller Staaten gelöst werden kann. Der Konflikt zwischen den USA, der EU und ihren Verbündeten auf der einen Seite und China, Russland, Iran und Nordkorea auf der anderen lässt die Umsetzung gemeinsamer Strategien allerdings unrealistisch erscheinen.

Dazu kommt, dass die bevölkerungsreichen, aber armen Länder in Asien wie Indien oder in Afrika wie Nigeria mit ihren eigenen Problemen kämpfen und international opportunistisch zwischen den beiden Machtblöcken agieren. Welche Rolle soll die wirtschaftlich noch immer starke, aber machtpolitisch schwache EU einnehmen, wenn neunzig Prozent der klimaschädlichen Emissionen außerhalb ihres Einflussbereichs liegen? Was bringt es, wenn die EU strenge Umweltschutzauflagen für Unternehmen erteilt, diese ihre Produktionsstandorte in Regionen mit niedrigeren Umweltstandards verlegen, folglich Arbeitsplätze verloren gehen und das Klima dadurch mehr statt weniger belastet wird?

Warum haben wir als Menschheit in der Vergangenheit unglaubliche technische und wirtschaftliche Fortschritte erzielt, um uns im Anblick gewaltiger gemeinsamer Probleme so dumm und selbstzerstörerisch zu verhalten?

Technologische Ambivalenzen: Ursprünglich setzte man große Hoffnung in die Macht von Social Media, um diktatorische Regime wie zum Beispiel im Arabischen Frühling durch die Mobilisierung von Widerstand durch echte Demokratien zu ersetzen. Heute wird Social Media von China genutzt, um seine Bevölkerung in fast Orwell'scher Manier zu überwachen. Links- und rechtsextreme sowie skurrile Gruppen dominieren immer stärker Social Media und tragen wesentlich zur politischen Polarisierung bei. KI wird diese Gefahr noch multiplizieren. Wie soll man den Konflikt zwischen Meinungsfreiheit im Internet und Massenmanipulation lösen?

Berufliche Ambivalenzen: Wie gehen Sie mit einem Verkäufer um, der konstant die besten Ergebnisse liefert, das aber oft auf Kosten anderer und so die wertschätzende Kultur im Unternehmen unterminiert? Natürlich haben Sie immer wieder versucht, ihn auf dieses Fehlverhalten hinzuweisen. Er weist die Vorwürfe empört von sich und sieht darin Intrigen und Neid der weniger erfolgreichen Kollegen. Steckt da vielleicht sogar ein Körnchen Wahrheit dahinter? Feuern Sie ihn, so wechselt er mit seinen Kunden sicher sofort zur Konkurrenz und Sie haben mit Umsatzeinbußen zu rechnen, die in ökonomisch ohnehin schwierigen Zeiten bedrohlich werden könnten.

Persönliche Ambivalenzen: Eine schwer zu lösende Ambivalenz des modernen Menschen ist jene zwischen Beruf und Familie. Sitzen wir beschäftigt vor dem Computer oder in Meetings, erinnern wir uns an das Versprechen, uns mehr um die Kinder und den Partner zu kümmern, nur gerade geht es eben nicht. Spielen wir glücklich zu Hause mit den Kindern, tauchen unweigerlich die vielen dringend zu erledigenden Aufgaben in unserem Kopf auf. Da wir Privat und Familie vereinen wollen, werden wir bei einem ambivalenten Sowohl-als-Auch landen.

Moralische Ambivalenzen sind oft die schwierigsten: Wie gehen Sie damit um, wenn Sie wissen, dass eine Ihrer besten Freundinnen schon länger von ihrem Partner betrogen wird und sie ahnungslos ist? Außer der Betroffenen wissen das fast alle im Bekanntenkreis und schweigen. Sollen oder müssen Sie sich einmischen? Dürfen Sie es zulassen, dass Ihre Freundin blind ins Unglück taumelt? Sind Betrug und Lüge in einer Freundschaft für Sie tolerierbar, weil sie nur die Betroffenen zu verantworten haben? Jeder, der ähnliche Situationen erlebt hat, weiß, dass es keine einfachen Antworten gibt. Oft bleibt nur der Ausweg, seine eigenen Werte als Maßstab zu nehmen. Wer fest davon überzeugt ist, dass jeder Betrug ein Stück in einem Menschen tötet, wird sich wohl dafür entscheiden müssen, der Freundin die unangenehme Wahrheit mitzuteilen, wissend, damit ein Drama mit ungeahntem Ausgang auszulösen. In einer Freundschaft extrem heikle Dinge anzusprechen kann auch eine falsche Entscheidung sein, die bisweilen sogar mit einem Bruch endet, weil die Freundin lieber den Beteuerungen des untreuen Partners Glauben schenken will, als der Wahrheit ins Auge zu blicken.

Diese Beispiele zeigen, dass der Umgang mit Ambivalenz individuell ist. Die Zeichen der Zeit zu erkennen, den rechten Augenblick zu erwischen, in Sekundenbruchteilen zu reagieren und einen langen Atem zu haben, moralisch korrekt zu handeln und dabei menschliche Schwächen zu berücksichtigen – das sind alles Qualitäten, die wir beherrschen sollten. Jedenfalls versucht man uns dies einzureden. Dadurch entsteht eine Atmosphäre, die uns verleitet, im Zweifel eher schnell als richtig zu entscheiden oder im anderen Extrem völlig blockiert in einem Zustand der Entscheidungsunfähigkeit zu verharren. Unternehmen setzen zur Überprüfung der Eignung von Führungskräften moderne Assessment-Methoden ein. Dabei wird auch die Fähigkeit, mit Unsicherheit und widersprüchlichen Situationen umzugehen, erfasst. Der Management Coach und Psychoanalytiker Klaus Geisslmayr kennt Unterschiede in diesen Fähigkeiten aus seiner Beratungspraxis: »Manche Führungskräfte sind sehr gut darin, die Qualität von Entscheidungen zu optimieren, indem sie sich auch mit Standpunkten auseinandersetzen, die ihnen intuitiv fremd sind und indem sie bewusst kritische Stimmen in ihren Teams fördern, während andere auf die eigene Erfahrung und das eigene Urteilsvermögen pochen, um ihren Standpunkt durchzusetzen. Oft verbirgt sich dahinter die Sorge vor einem Autoritätsverlust, wenn man offen zeigt, dass man sich über den besten Weg nicht sicher ist. Wer sich der eigenen Muster im Umgang mit Unsicherheit bewusst ist, kann einseitiges Entscheidungsverhalten vermeiden. Ein konstruktiver Umgang mit Ambivalenz wird in unserer immer unüberschaubareren und sich rasch verändernden Welt wichtiger werden, als sich nur auf Fachwissen zu stützen, das schnell veraltet.«

Der Fundamentalist kennt keine Ambivalenz

Menschen, die alle Ambivalenzen in ihrem Leben ausblenden, können als Freunde, Partner, Chefs oder Kollegen unangenehm, als Staatslenker sogar gefährlich sein, denken wir nur an Putin oder Trump. Sie reduzieren das Leben auf einen Punkt. Das können Status, Besitz, Macht, aber auch Ruhm sein. Finanziell verheerend endete die Karriere von Bernard »Bernie« Madoff. Die Idealbesetzung für einen Zauberer, der allen Ernstes versprach, dass seine Wertpapierfonds unabhängig von der jeweiligen Börsenlage jedes Jahr zehn Prozent Rendite abwerfen könnten. Jeder, der nur eine Vorlesungsstunde Finanzwissenschaft besucht hat, weiß, dass das nicht geht. Und irgendwann stellte sich auch heraus, dass es nicht ging. Ein Bernard Madoff war nur möglich, weil die ganze Finanzwelt einen Madoff wollte. Der Gesamtschaden betrug 65 Milliarden Euro, und Madoff wurde zu 150 Jahren Gefängnis verurteilt. Elizabeth Holmes galt als weiblicher Steve Jobs. Die Gründerin von Theranos, einem Blutlabor-Unternehmen, das mit einem Schnelltest angeblich 240 Krankheiten nachweisen konnte, wurde wegen Anlegerbetrug zu einer mehrjährigen Haftstrafe verurteilt. Sam Bankman Fried, Gründer der insolventen Kryptowährungsbörse FTX, vernichtete Vermögen im Ausmaß von bis zu 15 Milliarden Dollar. Das sind nur drei prominente Beispiele eines stetig wachsenden Eisbergs von Personen, die traditionellerweise als »hochintelligent« gelten, denen es aber an Selbsterkenntnis fehlt und großen Schaden anrichten können. Derartige Menschen machen sich Illusionen darüber, was ihnen und anderen guttut. Wenn Frauen und Männer sich an einem Dogma nicht nur selbst festklammern, sondern auch andere dazu zwingen wollen, dann landen sie im Fundamentalismus. Der Fundamentalist kennt keine Ambivalenz, weil er alles weiß, statt selbst zu denken.

Drei Haltungen können Ihnen helfen, mit Ambivalenz umzugehen:

Akzeptanz: Erkennen Sie an, dass Ambivalenz ein natürlicher Teil des menschlichen Denkens und Fühlens ist. Es liegt in der Natur des Menschen, unterschiedliche und sogar widersprüchliche Gefühle und Gedanken zu haben. Nehmen Sie sich Zeit, um Ihre eigenen Ambivalenzen als wesentlichen Teil Ihrer Persönlichkeit zu verstehen. Manchmal erkennt man seine eigenen limitierenden Muster auch im Spiegel anderer Menschen. Sobald Sie sich die inneren Hintergründe bestimmter starrer Grundhaltungen bewusst gemacht haben, wird es Ihnen leichter fallen, ungewohnte Verhaltensweisen zu erproben, die sich zunächst als unbequem anfühlen.

Kommunikation: Reden Sie insbesondere vor schwierigen Entscheidungen mit vertrauenswürdigen Personen über Ihre ambivalenten Gefühle. Der Austausch von Gedanken und Perspektiven kann Ihnen helfen, die eigenen Standpunkte zu klären und neue Einsichten zu gewinnen.

Vertrauen in das eigene Wertesystem: Wer über ein stabiles Selbstbild verfügt, das auf einem fundierten Wertegerüst aufbaut, wird oft erkennen, dass sich scheinbar unvereinbare Widersprüche auf einer höheren Ebene auflösen lassen. Wenn Sie die drei wichtigsten Werte in Ihrem Leben auf je einem Zettel aufschreiben, dann kommen oft Werte wie Familie, Gesundheit, Erfolg, Wertschätzung usw. Reduzieren Sie in einem nächsten Schritt die Werte auf den Ihnen wichtigsten. Das könnte mit hoher Wahrscheinlichkeit LIEBE sein. Dieser Wert ist dann der Fixstern in Ihrem Leben, an dem Sie sich immer orientieren können.

Wie groß die Sehnsucht nach einer »Lebensschule« ist, zeigt der nachhaltige Erfolg von Klassikern wie Senecas

»Von der Kürze des Lebens« oder »Essais« von Michel de Montaigne und vieler anderer Philosophen. In der modernen Ratgeberliteratur hat Dale Carnegie mit »Wie man Freunde gewinnt« Millionen von Menschen die Grundlagen kluger Lebensführung in einfacher Sprache zugänglich gemacht. Heute ist »Lebensberatung« eine eigene Industrie.

Geschätzte 10.000 Business- und mehr als 30.000 Lebens-Coaches gibt es derzeit im deutschsprachigen Raum. Jährlich wächst der Markt um zehn bis 15 Prozent – und das seit mehr als zehn Jahren. Die Verunsicherung ist aber nicht kleiner geworden, weil die Ambivalenzen des Menschen ständig größer werden.

Der Orient hat es traditionell besser verstanden, mit Ambivalenz umzugehen als die westliche Welt. Dieses Kapitel hat mit einem Zitat des persischen Dichters Dschalāl-ad-dīn Rūmī begonnen, mit einem Gedicht von ihm soll es ausklingen.

> »Bald bin ich licht, bald bin ich trüb,
> bald hart, bald weich, dann bös', dann gut.
> Bin Sonn' und Vogel, Staub und Wind,
> so Mond als Kerze, so Strom wie Glut,
> bin arger Geist, bin Engelkind –
> Alles, alles ist gut.«

Physik ist die herrschende Wissenschaft
– Philosophie wird es wieder

Als Alexander 13 Jahre alt war, berief sein Vater Philipp den Philosophen Aristoteles an den makedonischen Königshof. Als Begründung dafür gibt Plutarch an, dass Alexanders Charakter »nicht leicht zu beugen war und sich gegen jeden Zwang zur Wehr setzte, sich aber durch vernünftigen Zuspruch leicht zum Rechten führen ließ«. Somit erschien die Wahl Philipps, den »berühmtesten und gelehrtesten Philosophen«, der als Meister des vernünftigen Argumentierens galt, als Lehrer von Alexander zu bestellen, durchaus wohlüberlegt.

Die Philosophie, einst die höchste Disziplin aller Weisen, begann mit dem Aufstieg der Naturwissenschaften ihre Bedeutung langsam, aber stetig zu verlieren. Wollte man wirklich Neues schaffen, dann wurde ab dem 17. Jahrhundert die Physik die wichtigste Domäne. Den Anfang zum Aufstieg des Empirismus setzte der englische Philosoph Francis Bacon. Mit den revolutionären Erkenntnissen Isaac Newtons entstand ein vollkommen neues Weltbild. Die frisch entdeckten physikalischen Gesetze ermöglichten es, Bestehendes in seine Einzelbestandteile zu zerlegen und völlig neu zusammenzusetzen.

In der Welt der Physik blieb kein Stein
auf dem anderen

Die Relativitätstheorie und kurz darauf die Quantenphysik stellten die Newton'schen Erkenntnisse förmlich auf den Kopf. Sie waren und sind die Voraussetzungen, dass im späteren 20. Jahrhundert etwa Steve Jobs die bis dahin getrennten Produkte Mobiltelefon, Walkman, E-Mail, Webbrowser im iPhone zu einem neuen Ganzen zusammenfügen konnte. Elon Musk interessierte sich schon in seiner Jugend für Naturwissenschaft und studierte Physik und Volkswirtschaft an der University of Pennsylvania in Philadelphia. Obwohl er über ein Stipendium der Stanford-Universität für ein Doktoratsstudium in Physik verfügte, brach er dieses nach zwei Tagen ab, um stattdessen mit Zip2, einem Online-Stadtführer, sein erstes Internet-Unternehmen zu gründen. Seiner Meinung nach sind es die analytischen Denkprozesse, die man in Physik lernt, mit deren Hilfe man echte Innovationen schaffen kann. Diese haben ihm zum Beispiel, mit einem im Vergleich zur NASA kleinen Team, erlaubt, mit den wiederverwendbaren SpaceX-Raketen um ein Zehntel der Kosten ins All zu fliegen.

In Zukunft werden wir weiterhin viele Physiker brauchen, die die Gesetze der Natur verstehen und mit ihren Versuchen Neues ermöglichen, aber auch wieder mehr Philosophen, um die Welt und die Fragen zur menschlichen Existenz zu ergründen. Die Grenzen zwischen der materiellen und geistigen Welt waren immer schon fließend, sie werden sich in Zukunft immer mehr auflösen. Techniker wie Autobauer müssen über zutiefst philosophische Fragen nachdenken: Nach welchen ethischen Prinzipien sollen selbstfahrende Autos entscheiden, ob sie im Ernstfall ein Kind auf der Straße oder den Fahrer durch ein gefährliches Ausweichmanöver töten? Fragen, wie wir den Produktivitätsgewinn von KI gerecht verteilen oder ob wir KI entscheiden lassen, wer noch eine teure Behandlung bekommt oder nicht, sind ethischer, letztlich philosophischer Natur.

Lara Müller wurde für ihren Essay zur Philosophieolympiade eingeladen. Deshalb diskutierte sie mit Kollegen über die Frage, wie relevant Philosophie heute noch ist: »Die Naturwissenschaften konnten lange Zeit alles so klar erklären, wodurch die ganzen philosophischen Fragen in den Hintergrund rutschten. Doch die großen gesellschaftlichen Fragen kann man immer schwieriger nur mit den Naturwissenschaften beantworten. Daher glaube ich, dass die Philosophie den Überblick über das große Ganze, auch aus globaler Perspektive, wieder in den Vordergrund rücken wird.«

Humbolt trifft Harari – zwei Visionäre im Dialog

Stellen wir uns vor, der Begründer der großen Bildungsreform des 18. Jahrhunderts, Friedrich Wilhelm von Humboldt, würde dem visionären Vordenker des 21. Jahrhunderts, Yuval Harari, begegnen. Wahrscheinlich würden beide sich bestens verstehen, wie dieses fiktive Gespräch zeigt:

»Es ist mir eine große Ehre, Sie kennenzulernen, Herr von Humboldt. Ich habe viel von Ihnen gelesen«, begrüßt Yuval Harari seinen Gesprächspartner.

»Ich hoffe, Sie verwechseln mich nicht mit meinem Bruder Alexander, der vom Drang geplagt war, ständig in unwirtlichen Gegenden auf Berge zu klettern«, entgegnet Friedrich Wilhelm von Humboldt.

»Natürlich nicht, mich beeindruckt, wie Sie im Jahr 1810 das gesamte preußische Bildungssystem neu geschaffen haben. Damals wurden die Lehrpläne, die Prüfungsordnung und Lehrerausbildung komplett reformiert und Sie haben das humanistische Gymnasium erfunden. Wie viele Jahre haben Sie dafür eigentlich gebraucht?«, fragt Harari.

»Ach, das ging alles in 16 Monaten, dann wurde ich vom König für eine andere Aufgabe abgezogen. Aber sagen Sie, Herr Harari, mein visionäres Bildungsideal ist doch im 21. Jahrhundert sicher schon lange verwirklicht? Kinder werden hoffentlich endlich unabhängig von ihrer Herkunft zu ganzheitlich gebildeten Menschen geformt und nicht primär mit beruflich verwertbarem Wissen vollgestopft«, will Humboldt wissen. »Erst erfreuen, dann belehren, habe ich schon damals von den Lehrern gefordert.«

»Da muss ich Sie leider enttäuschen. Gegenwärtig konzentrieren sich zu viele Schulen darauf, die Schüler mit Informationen vollzustopfen. In der Vergangenheit war das durchaus sinnvoll, weil Informationen knapp waren. Doch heute ist ein Mehr an Informationen so ziemlich das Letzte, was ein Lehrer an seine Schüler weitergeben muss. Überdies konzentrieren sich die meisten Schulen viel zu sehr darauf, den Schülern neben Informationen eine Reihe vorgegebener Fertigkeiten zu vermitteln, wie etwas das Lösen von Potentialgleichungen«, antwortet Harari mit ernster Miene.

Humboldt schüttelt den Kopf: »Jeder Mensch existiert doch eigentlich für sich. Ausbildung des Individuums für das Individuum und nach den dem Individuum eigenen Kräften und Fähigkeiten muss also der einzige Zweck alles Menschenbildens sein.«

Hier brechen die Aufzeichnungen über diesen fiktiven Dialog leider ab. Eines lässt sich trotzdem erahnen: Der visionäre Bildungsreformer des 18. Jahrhunderts, Friedrich Wilhelm von Humboldt, und der Vordenker des 21. Jahrhunderts, Yuval Harari, würden in vielen ihrer Analysen übereinstimmen. Humboldt ist aktueller denn je.

Tragischerweise scheint die Zeit in unseren Schulen seit Humboldt stehen geblieben zu sein. Im Prinzip bilden wir unsere Kinder nach wie vor nach dem gleichen Curriculum aus, das damals revolutionär war. Daran ändern auch die zarten Versuche des digitalen Lernens durch Homeschooling nichts: Wenn wir Lehrstoff des 19. Jahrhunderts mit der Technologie des 21. Jahrhunderts an Kinder verschicken, wird er dadurch nicht zeitgemäßer. Vergleichen Sie das Schulzeugnis eines Gymnasiums aus dem Jahr 1935 mit einem von 2020, Sie werden keinerlei Unterschiede erkennen, nicht einmal die Reihenfolge der Gegenstände hat sich geändert. Ganz oben steht die Religion, am Ende der Körper. Die Welt hat sich in diesen 85 Jahren dabei wohl doch ziemlich verändert.

Interessant ist, wie Humboldt heute primär von konservativen Kreisen in intellektuelle Geiselhaft genommen wird. Dabei war sein viel gepriesenes humanistisches Bildungsideal für die damalige Zeit revolutionär. Vor allem die Idee, dass jeder Schüler unabhängig von seiner Herkunft ganzheitlich gebildet, geistig über sich hinauswachsen sollte, war ein Affront gegen die preußische Klassengesellschaft. Dieses Ziel wurde deshalb nie verwirklicht. Das humanistische Gymnasium eröffnete primär den bürgerlichen Schichten Zugang zu höherer Bildung. An der ungerechten Verteilung von Bildungschancen hat sich bis heute wenig verändert. Diesen Stillstand im Bildungssystem können wir uns aber im 21. Jahrhundert nicht leisten.

Niemand kann mit Sicherheit sagen, wie die Welt und der Jobmarkt 2040 aussehen werden, und deshalb weiß niemand, was wir jungen Leuten heute beibringen sollten. Es scheint sehr wahrscheinlich, dass ein Großteil des Wissens, das Schüler heute lernen, unwichtig sein wird, wenn sie vierzig Jahre alt sind. Im Jahr 2040 wird das traditionelle Lebenszyklusmodell, also erst zehn bis zwanzig Jahre lernen, dann vierzig Jahre arbeiten, um daraufhin in Pension zu gehen, völlig hinfällig geworden sein. Menschen könnten nur im Spiel bleiben, indem sie ihr Leben lang lernen und sich immer wieder neu erfinden, auch mit sechzig oder siebzig noch.

Was wir von Humboldt und Harari lernen können, um unser Bildungssystem zukunftsfähig zu machen:

Universalbildung schlägt frühe Spezialisierung

Durch die Vielfalt seines Wirkens wird leicht übersehen, wie sehr Wilhelm von Humboldt gerade die Philosophie geprägt hat. John Stuart Mill stellt ihn wegen seines Werkes *Über die Freiheit* sogar in eine Linie mit Sokrates. Bei

Humboldt waren es vor allem humanistische Gründe, warum er der möglichst breiten Bildung den Vorzug vor einer rein berufsspezifischen gab. Harari kommt aufgrund der durch den Fortschritt der Künstlichen Intelligenz zu erwartenden Disruptionen am Arbeitsmarkt zu dem gleichen Schluss. Folgt man den beiden, sollten wir den Verheißungen widerstehen, alle Kinder zum Beispiel zwanghaft in Coding auszubilden. Wer wissen will, weshalb auch bei Künstlern, Wissenschaftlern und Sportlern eine zu frühe Spezialisierung Spitzenleistungen eher verhindert als fördert, dem sei das bestens recherchierte Buch *Es lebe der Generalist! Warum gerade sie in einer spezialisierten Welt erfolgreicher sind* von David Epstein empfohlen.

Tiefes Verständnis statt Multiple-Choice-Halbwissen

Im Gegensatz zum heutigen Gymnasium mit seinen bis zu 16 Haupt-, Neben- und Freifächern setzte Humboldt in seinem ursprünglichen Curriculum auf die Vermittlung von tieferem Verständnis in wenigen, dafür zeitlosen Gegenständen: die Sprachen der klassischen Antike Latein und Altgriechisch sowie das Grundwissen über Geschichte, Philosophie und Mathematik. Dazu kamen dem griechischen Ideal folgend Sport und die künstlerisch-ästhetische Erziehung. Überträgt man den Grundsatz »Lieber wenig wirklich verstehen als nichts über alles wissen« auf ein zukunftsweisendes Curriculum, dann sollte man die Anzahl der Gegenstände drastisch reduzieren und sich auf die Kulturtechniken und das tiefere Verständnis von geistes- und naturwissenschaftlichem Denken konzentrieren. Dadurch würde der notwendige Raum geschaffen, um die kreativen und sozialen Kompetenzen junger Menschen massiv zu entwickeln.

Viele Fähigkeiten, die junge Menschen in Zukunft brauchen werden, stehen derzeit nicht in den Lehrplänen unserer Schulen und Universitäten. Daher rät Yuval Harari den Kindern von heute: »Vertraue nicht zu sehr auf die Erwachsenen. Die meisten von ihnen meinen es gut mit dir, aber sie verstehen die Welt einfach nicht.«

Wie ich Aristoteles, Jean-Jacques Rousseau, Simone de Beauvoir und Martin Luther King in Kitzbühel zum Leben erweckte

Im Jahr 1950 gründete der Unternehmer Walter Paepcke das Aspen Institute in den Bergen von Colorado, das heute zu den renommiertesten Denkfabriken der Welt gehört. Inspiriert wurde Paepcke von dem Philosophen und Schriftsteller Mortimer Adler, der an der Universität von Chicago ein Seminar über »klassische Bücher« hielt. Daraus entwickelte sich die Aspen-Methode. Diese basiert darauf, Führungskräfte aus Wirtschaft und Politik mit Originaltexten der wichtigsten Denker aus Philosophie, Literatur und Wirtschaftstheorie in kleinen Gruppen mit speziell dafür ausgebildeten Moderatoren über die Grundfragen des Menschen und der Gesellschaft diskutieren zu lassen und so nicht nur ihren Verstand zu fordern, sondern sie auch emotional zu berühren. Ich hatte einmal die Möglichkeit, in Kitzbühel eine Woche an einem Aspen-Seminar mit Führungskräften aus den USA sowie Ost- und Zentraleuropa teilzunehmen. In Vorbereitung lasen wir Auszüge der Nikomachischen Ethik von Aristoteles, den *Leviathan* von Thomas Hobbes, Texte von Mencius über die menschliche Natur ebenso wie die Werke von neueren Autoren wie Charles Darwin, Jean-Jacques Rousseau, Karl Marx, Simone de Beauvoir, Martin Luther King, Karl Popper oder Václav Havel. Die Auseinandersetzung mit diesen teils jahrhundertealten Texten hinterließ einen nachhaltigen Eindruck bei mir und half mir, Halbwissen in tiefere Erkenntnis zu transformieren. Zwei Beispiele:

Ich kannte den Namen des Sozialphilosophen Thomas Hobbes und sein 1650 erschienenes Buch *Leviathan*, in dem er für einen brutal autoritären, aber effektiven Staat eintrat. Erst in der Diskussion im Seminar wurde mir bewusst, dass dieses Konzept auf den Erfahrungen des zerstörerischen englischen Bürgerkriegs basierte und der Schutz der Menschen vor anarchistischer Gewalt einen höheren Wert für Hobbes hatte als Freiheit. Dieser autoritäre Staat verlangte von seinen Bürgern Gehorsam nicht nur im äußeren Verhalten, sondern auch bei Meinungsäußerungen und Glaubensbekenntnissen, denn die Religionskonflikte zwischen Protestanten und Katholiken hatten zu blutigen Auseinandersetzungen geführt. Nur wer die Umstände der Zeit von Hobbes kennt, kann den Wunsch vieler Menschen nach zentraler Autorität selbst um den Preis der Aufgabe von Freiheit in heute von Warlords beherrschten und von Religionskriegen zerrissenen Ländern verstehen. Das mag auch die nach wie vor hohe Zahl von diktatorisch oder autoritär regierten Staaten in einer zerklüfteten Welt mit wechselnden, auf nationale Eigeninteressen ausgerichteten Allianzen erklären.

Von Martin Luther Kings »Brief aus dem Gefängnis von Birmingham« hatte ich schon gehört, doch welch ein Unterschied war es, diesen auch einmal tatsächlich in der Originalfassung zu lesen und die Umstände zu kennen, unter denen er verfasst wurde. Der Brief wurde auf dem Rand einer Zeitung begonnen, auf Papierfetzen fortgesetzt und beendet auf einem Block, den Kings Anwälte in der Zelle zurückließen.

Es waren vier Tage in meinem Leben, die ich nicht vergessen werde und die mir die Notwendigkeit aufzeigten, sich fern von tagespolitischen Diskussionen auch mit den großen philosophischen Fragen der Menschheit auseinanderzusetzen.

Philosophie als Schule des Lebens

Alain de Botton, Philosoph und Verfasser des lesenswerten Bestsellers *Wie Proust Ihr Leben verändern kann*, hat in London eine »School of Life« gegründet. Er ist überzeugt, dass Literatur und Philosophie helfen können, ein besseres Leben zu leben – wenn sie überzeugend vermittelt werden: »Was wir tun, ist eine Provokation gegenüber dem akademischen Betrieb«, sagt er. »Die Grundannahme der Akademie ist: Es gibt sehr viel Wissen, aber es sollte nicht im Leben angewandt werden. Dies gilt als vulgär, jedenfalls in den

Geisteswissenschaften ... Ich habe nie verstanden, was so gefährlich daran sein soll, nach dem Nutzen von etwas zu fragen. Oder was so schlimm daran ist, wenn etwas Spaß macht.« Die »School of Life« deckt offenbar eine Lücke gut ab, die Kurse sind gut besucht bis ausgebucht. Sie bietet etwas an, das es in dieser Kombination selten gibt: Literatur + Philosophie + Humor + Design + Gemeinschaftserlebnis + Lebenshilfe. Die Kurse reichen von »Wie man das Leben genießt« über »Wie man gelassen wird« bis zu »Wie man scheitert«. Alain de Botton garantiert mit seinem Ruf dafür, dass es überraschende und intellektuell fordernde Antworten auf diese Fragen gibt. Die »School of Life« hat seit 2016 auch einen Standort in Berlin. In Österreich gibt es die von Leo Hemetsberger gegründete »Gesellschaft für angewandte Philosophie«, die anbietet, das Potenzial der Philosophie für Menschen im persönlichen, öffentlichen und wirtschaftlichen Leben nutzbar zu machen.

Die Philosophie, wussten die antiken Griechen, fängt mit dem Staunen an, damit, dass man die Dinge nicht für selbstverständlich hält. Richard David Precht mit *Wer bin ich – und wenn ja, wie viele?* und Jostein Gaarder mit *Sofies Welt* haben bewiesen, wie man Philosophie heute unterhaltsam und lehrreich vermitteln kann.

Fazit: Wenn Sie oder Ihre Kinder etwas studieren wollen, ist Philosophie vielleicht nicht die schlechteste Wahl.

TikTok macht Spaß – YouTube macht Sie klüger

Man soll über nichts schreiben, was man nicht selbst zuvor ausprobiert hat. Als Einstimmung für dieses Kapitel habe ich mir zum ersten Mal in meinem Leben eine Menge Tik-Tok-Videos »hineingezogen«, wie das junge Menschen nennen würden. Dazu muss man sich nicht anmelden, man sucht einfach im Internet nach den »meistgesehenen«, »besten« und »lustigsten« TikTok-Videos. Eine Erfahrung, die ich allen Novizen in der Welt von TikTok durchaus empfehlen kann, die Suchtgefahr für einigermaßen psychisch stabile Erwachsene ist gering.

Hier meine spontanen Eindrücke: Manche Videos sind ziemlich dumm und erinnern an das Grimassenschneiden auf Kindergeburtstagen. Andere sind technisch sehr aufwändig, fast im Stil des Magiers David Copperfield gemacht, zum Beispiel, wenn sich ein Mädchen selbst in einer kleinen Box verpackt und darin verschwindet. Dann gibt es unzählige Musiktanzvideos und Slapsticks in allen Varianten. Weniger lustig, dafür lebensgefährlich können TikTok-Challenges sein. Bei der Blackout-Challenge »Würgen bis zum Umfallen« strangulieren sich Kinder vor laufender Kamera so lange, bis ihnen schwarz vor Augen wird. Mehrere Kinder sollen den gefährlichen Wettbewerb mit ihrem Leben bezahlt haben. Beim »Mouth Taping« kleben sich junge TikToker ein Stück Klebeband auf den Mund. Das soll bewirken, dass man beim Schlafen durch die Nase atmet, dadurch tiefer schläft, weniger schnarcht und obendrein an Gewicht verliert. Wenn das Gehirn in der Nacht mit Sauerstoff unterversorgt wird, kann das allerdings schnell gesundheitsgefährdend werden. Bei der »Kia Challenge« versuchen Influencer Autos der Marken Kia und Hyundai kurzzuschließen, was kein Kavaliersdelikt ist.

Auffallend ist die Kürze der meisten Videos. Die durchschnittliche Länge eines TikTok-Videos beträgt 21 bis 34 Sekunden, offenbar die ideale Länge für junge Menschen. Nur zum Vergleich: Der Hollywood-Klassiker *Ben Hur* hat eine Länge von 222 Minuten, in dieser Zeit könnten Sie über 450 TikTok-Videos ansehen, allein das berühmte Wagenrennen im Finale von *Ben Hur* dauerte elf Minuten, da gingen sich locker 25 bis dreißig TikTok-Videos aus. Die Aufmerksamkeitsspanne junger Menschen ist heute oft extrem kurz, sie spulen sofort weiter, wenn ihnen beim Anschauen einer Serie langweilig wird. Oder sie spielen ein Computerspiel und in einem geöffneten Fenster am Bildschirm läuft gleichzeitig ein Film. Sie wollen ständig gefordert sein, gleichzeitig vieles machen. Die Kürze der TikTok-Videos verführt, man könnte auch sagen manipuliert, die Nutzer zu denken: »Okay, eines noch.« Dann ist das Video lustig und man schaut noch eines, weil vielleicht ist das nächste ja noch lustiger ... und wenn man auf die Uhr schaut, ist eine Stunde vergangen.

Was denken junge Menschen über TikTok?

Lara Müller gehört zu der Generation, die den Beginn von TikTok miterlebt hat. Am Anfang war sie ein bisschen dabei, dann hat ihr Interesse nachgelassen, obwohl TikTok gerade während der Corona-Pandemie einen großen Aufschwung erlebte: »Ich habe da nicht mehr mitgemacht, weil ich schon zu viel Zeit auf Instagram verbringe, da brauche ich nicht noch so was. Die TikTok-Abstinenz habe ich durchgezogen und bin ich sehr froh drüber.«

Lina Reiter sieht das differenzierter, sie glaubt, dass TikTok oft unterschätzt wird, weil der Großteil der Nutzer meist deutlich jünger als bei Instagram oder Twitter ist und weil die Plattform vor allem durch die lustigen Tanzvideos bekannt wurde: »Natürlich kann man sich TikToks zur Unterhaltung ansehen und dazu dann bei Challenges oder Tänzen mitmachen. Was aber oft vergessen wird, ist die Vielfältigkeit der Plattform und der wirklich bemerkenswerte Algorithmus. Ich selbst habe TikTok während der Pandemie und auch danach noch eine Weile lang genutzt, aber gefährliche Challenges nie oder Tanzvideos nur vereinzelt gesehen. Stattdessen wurden mir Rezepte, Lern- und Buchtipps vorgestellt, die ich nützlich und bereichernd fand. Man muss lernen, den Algorithmus von Plattformen wie TikTok oder YouTube für sich zu nutzen, damit man nicht zu deren Sklaven wird. Generell verurteilen sollte man soziale Plattformen aber nicht, vor allem wenn man sie nicht näher kennt.« Auch wenn TikTok primär der Unterhaltung und Entspannung dient, bietet es jungen Menschen auch die Möglichkeit, sich mit ihrer Generation verbunden zu fühlen.

Die hohen Nutzerzahlen von TikTok verleiten Erwachsene zu versuchen, dort junge Menschen für ihre Anliegen zu erreichen. Zahlreiche deutsche Bundestagsabgeordnete nutzen TikTok für sich. Doch die meisten scheitern krachend, weil sie überhaupt nicht verstehen, wie die Jugend tickt. Laurenz Frenzel: »Prinzipiell finde ich es richtig, wenn auch über Fünfzigjährige auf Social Media kommunizieren, aber sie müssen sich informieren, wie das auf den einzelnen Plattformen funktioniert. Sie sollten einfach akzeptieren, dass sie keinen Einfluss darauf haben, wie wir Jungen dort agieren.« So erging es auch dem CEO eines österreichischen Unternehmens, der selbst produzierte TikTok-Videos hochlud, bis ihn sein 15-jähriger Sohn bat: »Bitte Papa, lasse das, du bist urpeinlich und meine Freunde quälen mich damit.«

Ich habe gestoppt: Das Lesen dieser kurzen Einführung in TikTok dauert so lange wie vier durchschnittliche TikTok-Videos. Wollen Sie mehr wissen, so empfehle ich das Buch *Die TikTok Schule: Wie du dich mit Social Media selbst entdeckst* von Linda Lime.

TikTok steht für leichte Unterhaltung. Überraschend ist, dass der chinesische TikTok-Gründer Alex Zhu sehr interessiert an Bildung ist und ursprünglich in eine Lern-App investiert hat. Die Idee war, dass Menschen, die eine bestimmte Fähigkeit sehr gut beherrschen, diese anderen in kurzen, drei bis fünf Minuten dauernden Lernvideos beibringen sollten. Hört sich spannend an. Die Plattform erwies sich freilich als wenig erfolgreich, weil die Instruktoren damit überfordert waren, ihre Inhalte kurz und unterhaltsam für ein junges Publikum zu gestalten. Während einer Zugfahrt beobachtete Zhu eine Gruppe von

Teenagern, die ständig Selfies machte, Musik hörte und Stickers auf ihre Handys lud. Dies inspirierte ihn zur Idee mit TikTok. Er realisierte, dass man mit leichter Unterhaltung schnell größere Nutzerzahlen erreichen konnte als mit Lernen. Hier zeigt sich eine Parallele zu YouTube. Wir sollten nicht vergessen, dass der kometenhafte Aufstieg von YouTube mit lustigen Katzen- und Musikvideos begann. Heute ist YouTube die mit Abstand größte Lernplattform der Welt. Es führt offenbar sehr wohl einen Weg von reiner Unterhaltung zu seriösen Inhalten. In einem *SPIEGEL*-Interview betont Alex Zhu ausdrücklich, dass er sich durchaus vorstellen könnte, auf TikTok in Zukunft vermehrt Lerninhalte anzubieten, was seinem grundsätzlichen Interesse an Bildung entspricht.[1]

Ein Indiz dafür, dass TikTok verblüffen kann, ist der Erfolg von BookTok. Besonders junge Leserinnen tauschen sich dort aus, kaufen und lesen dann gedruckte Bücher. Das ist keineswegs ein Minderheitenprogramm. Der Hashtag #BookTok wurde bis Juni 2023 151 Milliarden Mal aufgerufen.[2] Thematisch dominiert die Verschmelzung von Romantik und Fantasie, wie zum Beispiel in *Fourth Wing – Flammengeküsst* von Rebecca Yarros. Der Roman handelt von einer jungen Frau, die gerne Schriftgelehrte werden möchte, aber von ihrer Mutter dazu gedrängt wird, als Drachenreiterin in einer Eliteeinheit ihr Land gegen Angriffe zu verteidigen. Verquickt wird das Ganze mit einer Liebesgeschichte. Wer jetzt verächtlich die Stirne runzelt, dem sei gesagt, dass BookTok auch zu einer Renaissance von Jane Austens Roman *Stolz und Vorurteil* geführt hat, weil sich junge Frauen darin offenbar wiederfinden. Die Marketing-Leiterin von *dtv* Rita Bollig sieht BookTok positiv: »Die Jungen lesen wieder. Das alleine ist schon toll.«

YouTube – der beste Freund neugieriger Menschen

Für lernwillige junge Menschen ist YouTube der mit Abstand wichtigste Kanal, um sich Zugang zu neuem Wissen zu verschaffen. Dann folgen Google, Google-Scholar,[3] Podcasts, Wikipedia, TV-Dokus, Wissensdatenbanken und natürlich Freunde und Bekannte, die sich auf dem jeweiligen Gebiet schon gut auskennen. Sachbücher haben für sie durchaus einen hohen Wert wegen ihrer Seriosität und inhaltlichen Tiefe. Belletristik spielt für sie dagegen (leider) nur eine sehr geringe Rolle.

David Wittmann: »Ich habe mir unglaublich viel über YouTube beigebracht. Klavierspielen habe ich maßgeblich über YouTube gelernt. Es gibt zu fast jedem Thema Experten und Menschen, die wirklich eine Passion dafür haben und sich einen Videokanal erstellen, um anderen Leuten das beizubringen, was sie selbst gut beherrschen. Für ein Projekt musste ich eine eigene Website erstellen, da lud ich mir die entsprechende Software herunter und konnte die Website dann nur mithilfe von YouTube gestalten.«

Selbst die Inspiration für die Entwicklung der eigenen Persönlichkeit kann von einem YouTube-Video kommen. David Wittmann stieß dort zufällig auf Ausschnitte eines Vortrags des provokanten kanadischen Psychologen Jordan Peterson über dessen Buch *12 Rules For Life: Ordnung und Struktur in einer*

chaotischen Welt. Das half ihm, aus seiner Lethargie herauszu-
kommen und nur Dinge zu tun, die ihm leichtfielen. Es wurde ihm bewusst, dass er verantwortlich dafür ist, mehr aus
seinen Talenten zu machen, die ihm das Leben geschenkt
hat. Er begann wieder Sport zu treiben, was am Anfang hart
war, aber mittlerweile genießt er es jeden Tag. Diese Disziplin
unterstützt ihn dabei, Ziele zu verwirklichen, die zunächst
anstrengend, aber langfristig sinnvoll sind.

Laurenz Frenzel nutzt YouTube ebenfalls intensiv zum
Lernen: »In Mathematik ist es angenehmer, sich ein gutes
Erklärvideo anzuschauen, als alles sofort selbst rechnen zu
müssen. Ein gutes Zehn-Minuten-Mathematikvideo bringt
mir manchmal mehr als eine Stunde Mathematikunterricht.
Im Gegensatz dazu kenne ich niemanden, der sich TikTok
runterlädt, weil er sagt, er möchte jetzt irgendwas lernen.
Während ich auf einem YouTube-Video vorspulen kann, bis
die für mich wichtige Passage kommt, liefert TikTok durch
den Algorithmus Dauerhöhepunkte und damit komme ich
persönlich überhaupt nicht klar.« Während Corona merkte
er, wie seine Konzentrationsfähigkeit litt. Auch viele seiner
Kollegen haben TikTok vor dem Abitur gelöscht, weil es sie
fertiggemacht hat.

Die Gefahren von Social Media sind den jungen Menschen durchaus bewusst. Statt »abends nur kurz ein paar
Insta-Stories zu schauen«, hängen sie stundenlang in der
Plattform. Es ist für sie sehr verlockend, auf Instagram zu
scrollen. Das Dopamin, welches da in kurzer Zeit durch Wi-
schen ausgeschüttet wird, fördert Suchtverhalten und hin-
dert sie daran, sich auf wichtige Dinge zu konzentrieren,

die vielleicht nicht so viel Spaß machen und anstrengender sind, als nur zu scrollen. Doch es gibt intelligente Gegenstrategien: zum Beispiel die kostenlose App »Time Out«. Sie basiert auf einem Filter, der eine Uhr zeigt, die jedes Mal ganz langsam abläuft und verhindert, dass man sofort loslegen kann. Am Ende der »Geduldsprobe« wird man dann nochmals gefragt, ob man jetzt Instagramm wirklich öffnen will. Eine Methode, die durchaus nachahmenswert für Erwachsene scheint, um ihren Social-Media-Konsum zu kontrollieren. Etliche Nutzer der App bestätigen, dass sich ihr Verhalten tatsächlich geändert hat. Apple bietet in den Einstellungen viele Möglichkeiten, damit Eltern die Menge und die Inhalte kontrollieren können, die sie ihren Kindern erlauben wollen.

Wie wird man selbst ein YouTube-Star?

Diese Frage habe ich Michi Buchinger, mit 150.000 Abonnenten einer der erfolgreichsten österreichischen YouTuber, in meinem Podcast »Lebensbildung« gestellt. Er sei selbst überrascht, für wie viele Menschen das zu einem Berufswunsch geworden sei. Sein wichtigster Rat ist, ihnen dringend davon abzuraten und unbedingt einen Plan B zu haben. Es gäbe eine Vielzahl von Workshops, auf denen man die Regeln für Erfolg auf YouTube lernen könnte. Diese hätten nur gemeinsam: Sie bringen absolut nichts. Das Einzige, was er rate, sei nicht aufzugeben und immer neue Videos zu versuchen. Er selbst hat am Anfang zwei Jahre lang viel ausprobiert und seine Videos hatten zwischen achtzig und

200 Klicks. Viele glauben, dass sie in zwei Monaten berühmt werden können, und wenn das nicht funktioniert, geben sie schnell auf. Wie man heute auf YouTube erfolgreich werden könne, sei ihm selbst ein Rätsel. Da gebe es 14-Jährige, die bereits Millionen Klicks hätten. Buchinger selbst schaffte den Durchbruch im Jahr 2010 mit dem 2,40 Minuten kurzen Video »Was wäre, wenn Facebook die reale Welt wäre«, welches er mit eher wackeligen Bildern in seinem Kinderzimmer produzierte. Damals gab es noch relativ wenige YouTuber, heute würde das aus seiner Sicht »nette Video« wahrscheinlich in der Masse untergehen. Michi Buchingers Erfolgsgeheimnis ist für mich seine sympathische und authentische Art. Der schwedische Webvideoproduzent PewDiePie hat das so formuliert:

»Was YouTube so erfolgreich gemacht hat, ist die Tatsache, dass man sich viel besser mit den Leuten identifizieren kann als mit denen im Fernsehen.«

Zehn Videos, die ich Ihnen persönlich empfehle:

- »Töten Schulen die Kreativität?« – Sir Ken Robinson auf *www.ted.com*

- »21 Lektionen für das 21. Jahrhundert« von Yuval Harari – Talks at Google auf YouTube

- »Die Vorteile des Scheiterns« – J. K. Rowling vor den Graduierten der Harvard-Universität auf YouTube

- »Stay hungry, stay foolish!« – Steve Jobs vor den Graduierten der Stanford-Universität auf YouTube

- »Die Macht der Verletzlichkeit« – Brené Brown auf *www.ted.com*

- »Wie große Führungspersönlichkeiten zum Handeln inspirieren« – Simon Sinek auf *www.ted.com*

- »Was heißt hier Bildung? Resonanz!« – Hartmut Rosa und Reinhard Kahl auf YouTube

- »Grit: Die Macht der Leidenschaft und Beharrlichkeit« – Angela Lee Duckworth auf *www.ted.com*

- »Lass uns Bildung neu erfinden« – Salman Khan auf *www.ted.com*

- »Ein guter Tag« – David Steindl-Rast auf YouTube

Alle Videos in englischer Sprache haben deutsche Untertitel, die Sie nur aktivieren müssen.

1 *DER SPIEGEL* 4/2020: Alex Zhu im Interview mit Markus Böhm, Steffen Klusmann und Anton Rainer
2 *DER SPIEGEL* 27/2023, S. 112 ff.
3 Google Scholar dient zur Literaturrecherche wissenschaftlicher Dokumente. Das Ranking der Links wird primär von wissenschaftlicher Relevanz bestimmt.

Lernen Sie, richtig zu lernen

»Man braucht ein ganzes Dorf, um ein Kind zu erziehen.«

Afrikanische Weisheit

Lernen findet über Beziehung statt oder es findet nicht statt. Wir alle freuen uns nicht auf Gegenstände oder Fachwissen, sondern auf Menschen, die für uns Vorbilder sind. Lernen ist der höchstpersönliche Ausdruck der Entfaltung, der Aneignung von Welt und kann dem Leben eines Menschen eine neue Wendung geben, die alle vorgezeichneten Grenzen sprengt. Manchmal werden sogar Märchen wahr.

Es war einmal ein 16-jähriges Mädchen namens Pretty, das in einer kleinen Stadt in Südafrika lebte. Weil ihr Singen Freude bereitete, brachte ihr die Großmutter Lieder bei und Pretty trat im örtlichen Kirchenchor auf. Durch Zufall sah sie im Fernsehen einen Werbetrailer von British Airways, in dem eine Szene aus der Oper »Lakmé« gezeigt wurde. Da Pretty nie zuvor eine Oper oder ein klassisches Konzert besucht hatte, fragte sie ihre Musiklehrerin in der Schule, was das gewesen sei. »Das ist Oper«, antwortete ihr die Lehrerin. »Ich will auch so singen lernen«, platzte es aus Pretty heraus. Ihre Musiklehrerin lachte sie nicht aus, sondern erkannte ihr Talent und begann sie zu fördern. Nach der Schulzeit studierte Pretty an der Opern-Schule des Südafrikanischen Kollegs für Musik der Universität Kapstadt. Sie wechselte nach ersten Erfolgen an die Akademie der Scala in Mailand. Im Jahr 2009 belegte Pretty beim Internationalen Belvedere-Gesangswettbewerb in Wien in allen Kategorien den ersten Platz. Heute gehört sie zu den ganz Großen der Opernwelt mit Auftritten auf den wichtigsten Bühnen der Welt. Opernfreunde haben sicher schon längst erkannt, dass es sich um die aus Südafrika stammende Sopransängerin Pretty Yende handelt, die derzeit in Mailand lebt. In dieser Geschichte geht es vordergründig um die faszinierende Verwirklichung eines Traumes, der durch einen zufälligen Werbespot inspiriert wurde. Doch die zweite Heldin ist die Musiklehrerin in der Schule von Pretty Yende. Es braucht wenig Fantasie, um sich vorzustellen, was aus diesem Mädchen aus einer südafrikanischen Kleinstadt geworden wäre, hätte die Lehrerin es belächelt, als es seinen Wunsch aussprach.[1]

Die prägende Beziehung zwischen Schüler und Lehrer beschränkt sich keineswegs auf die Schule, sondern gilt auch für das Lernen von Erwachsenen. Es gibt unzählige Filme, in denen Lehrer-Schüler-Beziehungen die Handlung tragen. *Karate Kid* ist ein reiner Lehrerfilm. *Kill Bill* handelt in zwei blutigen Teilen von der tödlichen Eifersucht des (Ersatz-)Vaters auf den (Kriegskunst-)Lehrer. *Gottes Werk und Teufels Beitrag* ist ein Lehrer-Schüler-Film. *Good Will Hunting*, *School of Rock*, *Dangerous Minds*, *Ein Offizier und ein Gentleman*, *Harry Potter* oder *Fack ju Göhte*, einer der erfolgreichsten deutschen Kinofilme, sind Beispiele für ein Naturgesetz, dessen Bedeutung morgen noch wichtiger als heute sein wird: Lernen findet über Beziehung statt oder es findet nicht statt.

Der Benediktinermönch David Steindl-Rast meint über diese zentrale Beziehung zwischen Lehrer und Schüler: »Für Plato war alles Lernen ein Wiedererinnern, die Entfaltung der eigenen Ansichten aus sich heraus. Das Lehren ist daher vor allem die Förderung der Selbstentfaltung. Das verlangt Lehrkräfte, die ihre Schüler gut kennen. Es wäre schon hilfreich, wenn man sich immer das Ideal der persönlichen Beziehung zwischen Schülern und Lehrern bewusst machen würde, weil es oft gar nicht erwartet wird.«[2] Diese aus seiner spirituellen Perspektive formulierte These von David Steindl-Rast stimmt mit den Erkenntnissen der Lernforschung überein.

So sind in der oft zitierten John-Hattie-Studie die wertschätzenden Beziehungen zwischen Lehrpersonen und Lernenden ein Schlüsselfaktor für nachhaltiges Lernen. Die Studie heißt »Visible Learning«.[3] Dem neuseeländischen Bildungsforscher John Hattie geht es um das wechselseitige Sichtbarmachen und Verstehen des Lernprozesses zwischen Lernenden und Lehrenden. Sobald Lernende und Lehrende erkennen, dass es primär nicht um das Lernen für Prüfungen und das Einhalten von Lehrplänen, sondern in erster Linie um die menschliche Beziehung geht, kann sich das wechselseitige Vertrauen so weit entwickeln, dass eine Lehrkraft offenes Lernen wagen darf, ohne gleich ihre gesamte Autorität zu riskieren, sollte eine neue Methode nicht sofort wie gewünscht funktionieren.

Überall dort, wo noch immer versucht wird, Wissen durch Frontalvorträge zu vermitteln, werden die Lehrenden allerdings in naher Zukunft durch KI ersetzt werden, wie Alessandro Rodia vorhersagt: »Fast alles, was von einem Lehrer erklärt wird, werde ich immer besser selbstständig lernen können, weil sich die Möglichkeiten durch KI rasend schnell erweitern. Wenn jetzt auch noch alle Bücher digitalisiert werden und ich einfach mit einem Klick auf eine KI die wichtigsten Fakten sowie eine Zusammenfassung davon bekomme, dann kann ich mir vieles selbst beibringen. Manche Lehrer sehen sich dadurch bedroht und wollen nur wissen, ob etwas mit KI-Unterstützung geschrieben wurde. Das ist die falsche Frage. Die richtige wäre, wie man diese unglaublich vielen neuen Technologien so nutzen kann, damit sich das ganze Lernsystem verbessert und endlich der Zeit anpasst.«

Die drei natürlichen Prinzipien des Lernens kennen

Das Lernen von Formeln oder Vokabeln macht selten Spaß. Dabei wird Spaß mit Freude verwechselt. Anstrengung beim Erlernen einer neuen Fähigkeit ist eine ganz wesentliche Voraussetzung dafür, um bei deren Ausübung Freude empfinden zu können. Diese Freude ist wiederum Antriebsfeder, um die nächste Stufe der Kompetenz zu erklimmen. Sonst würde fast niemand die von ständigen Fehlern gekennzeichneten Anfangsphasen beim Erlernen von Tennis, Skifahren, Kochen oder einer Fremdsprache überwinden. Wer beim Radfahren unsicher wackelt, wird nicht auf den Tretroller zurückgesetzt, sondern man motiviert ihn, mehr zu üben und sich über den Erfolg zu freuen. Voraussetzung für das Funktionieren der Eigenmotivation ist das Erkennen, warum eine Anstrengung Sinn hat. Das gilt für Kinder genauso wie für Erwachsene. Man kann niemanden auf einen hohen Berg hinaufschleppen, wenn das für ihn selbst kein erstrebenswertes Ziel darstellt.

Auch wenn sich heute vieles ständig ändert, ist es gut zu wissen, dass es jahrtausendealte Wahrheiten gibt. Die drei Prinzipien, wie wir Menschen idealerweise lernen, sind heute wissenschaftlich bewiesen und werden auch morgen noch gültig sein:

1. Ausprobieren — Fehler machen — hinfallen — aufstehen

Kinder lernen zu gehen, indem sie sich aufrichten, hinfallen, wieder aufrichten, einige Schritte gehen, hinfallen und wieder aufrichten. Eltern kämen wohl nie auf die Idee, ihren Kindern, nachdem diese zehnmal hingefallen sind, zu sagen: »Du bist leider zu dumm zum Zweibeiner, du kommst in die Gruppe mit den Vierbeinern.« In vielen Schulen machen wir aber genau das, indem wir die gescheiterten Versuche zählen und nicht die erfolgreichen. Und das, obwohl wir auch als Erwachsene Neues noch immer nach dem »Trial-and-error-Prinzip« lernen. Stellen Sie sich vor, Sie packen mit großer Freude das neueste Smartphone aus und ihr kleiner Sohn nimmt es Ihnen lachend weg, mit den Worten: »So, du hast jetzt genau einen Versuch, um es zu registrieren. Sobald du einen Fehler machst, gehört es mir.«

Lina Reiter spielt seit ihrem siebten Lebensjahr Blockflöte. Ihr Lehrerin fragt sie nach fast jeder Stunde, wie sehr sie mit ihrem Spiel zufrieden ist: »Ich bin recht perfektionistisch und früher habe ich dann oft die vielen falschen Töne gezählt und gesagt, dass ich damit unzufrieden bin.« Ihre Lehrerin hat darauf geantwortet: »Okay, jetzt zähl beim nächsten Mal alle Töne, die du richtig gespielt hast.« Lina Reiter erkannte, dass das kein ernst gemeinter Auftrag war, weil sie mit dem Zählen nicht hinterherkommen würde. Sie hat aber eingesehen, mehr auf das Verhältnis zwischen den Fehlern und den Dingen, die schon gut sind, zu achten: »Gerade wenn man ein Instrument lernt und ein Stück gut spielen können möchte, ist so eine Einstellung zu Fehlern sehr wertvoll.«

Wir unterschätzen, dass wir zu über neunzig Prozent aus eigenen Fehlern und denen anderer lernen. Eine Szene aus dem Mathematikunterricht an der Popper-Schule: Der Lehrer schreibt mit hoher Geschwindigkeit Formeln auf die Tafel. Ein Schüler in der zweiten Reihe meldet sich sachlich mit dem Hinweis: »Fehler im Exponenten in der letzten Zeile, es sollte x hoch vier statt x hoch drei in der Gleichung stehen.« Ohne sich umzudrehen, bessert der Lehrer nach kurzer Prüfung den Fehler aus und fährt fort, als wäre nichts passiert. In vielen anderen Klassen wäre es dem Lehrer peinlich gewesen, einen Fehler zugeben zu müssen, die Schüler hätten das dann mit Lachen kommentiert. Konstruktiver Umgang mit Fehlern von Schülern *und* Lehrern ist die Basis für den Aufbau von wertschätzenden Beziehungen.

In der Physik werden heute Formeln und Gesetze so gelehrt, als wären sie schon immer da gewesen, dabei hat es oft Hunderte von Jahren und vieler Fehlversuche bedurft, um sie zu entwickeln. Würde man Menschen vermitteln, mit wie viel Anstrengung dieser Fortschritt verbunden war, so hätten sie ein besseres Verständnis für ihr eigenes Kämpfen, um die Dinge zu begreifen, und dass es ihnen eben nicht an Intelligenz mangelt, wenn sie dafür Zeit und viele Anläufe brauchen. Damit würde sich die Angst, sich zu blamieren, ein natürlicher Feind des Lernens, in Luft auflösen. Man muss nicht überall der Beste sein. Ausprobieren und Fehler machen, Wagemut und Initiative helfen Ihnen, Ihre wahren Talente zu entdecken und zu erproben.

2. Das Voneinander-Lernen

Die US-amerikanische Reformpädagogin Helen Parkhurst hat schon vor hundert Jahren herausgefunden, dass Kinder am besten voneinander lernen. In der von ihr gegründeten *Dalton School* schuf sie daher »Laboratorien«, in denen Schüler einander dabei unterstützten, Aufgaben zu bewältigen. Eine Erfahrung, die wir wohl alle gemacht haben, wenn uns der Beste in Mathematik in der großen Pause etwas erklärte, was uns der Lehrer in einem halben Jahr nicht verständlich machen konnte. Der erklärende Schüler erreicht sogar ein höheres Lernniveau, weil ihm dadurch bewusst wird, was er selbst noch nicht zu hundert Prozent verstanden hat. Die Anwendung dieses Prinzips funktioniert allerdings nur, wenn einige Schüler tatsächlich schon so weit sind, dass sie anderen etwas vermitteln können.

Umgesetzt für uns Erwachsene heißt das: Bilden Sie ein Team, das sich aus jungen neugierigen Menschen und solchen mit Erfahrung zusammensetzt. So multiplizieren Sie Ihre eigenen Fähigkeiten. Scheuen Sie sich nicht, andere um Hilfe zu bitten, sollten Sie mit einer neuen Anwendung am Computer oder Mobiltelefon nicht zurechtkommen. Wer sind Ihre Freunde? Mit wem umgeben Sie sich, sind auch jüngere Menschen darunter? Unterstützen Ihre Freunde Sie oder ziehen diese Sie runter? Im Laufe Ihres Lebens, in der Schule, beim Studium, in der Ausbildung, am Arbeitsplatz, beim Sport, in der Freizeit werden Sie Hunderte Menschen kennenlernen. Sie brauchen nur die Kontaktliste auf Ihrem Mobiltelefon zu prüfen, dann sehen Sie, wie viele es jetzt schon gibt. Sind es Persönlichkeiten, zu denen Sie aufschauen, weil Sie von ihnen lernen können, inspiriert werden, oder solche, die Sie negativ beeinflussen und Energie rauben?

3. Lernen benötigt Sinn

Lernen ohne Freude ist öde, Maximierung der Freude ohne zu lernen verdummt uns. Stellen wir uns vor, junge Menschen würden heute in Schulen mit der gleichen Begeisterung Mathematik, Physik und Englisch lernen, mit der sie eine neue App ausprobieren, Fußball, Tennis oder Reiten lernen. Menschen lernen gerne, sobald sie den Sinn für sich erkennen. Jugendliche bewegen sich spielerisch in den sozialen Netzwerken, weil sie sonst schnell den Anschluss an ihre Freunde verlieren. Stehen dagegen im Physikunterricht die technischen Grundlagen all dieser Wundersachen auf dem Lehrplan, langweilen sie sich schnell. Dabei könnte ihre Neugierde geweckt werden, wenn man ihnen einmal erklären würde, welche faszinierenden technischen Erfindungen in ihrem Smartphone drinnen sind, um damit an ihre Erlebniswelt anzuknüpfen.

Am Beispiel von Pretty Yende haben wir gesehen, wie man Lebensträume in Lernziele transformieren kann. Menschen lassen sich vor allem durch Ziele motivieren, die sie selbst erreichen wollen. Das gilt auch für Kinder: »Du willst einmal Raumschiffkapitän werden? Dann musst du gut in Physik und Mathematik sein, damit du deinen Kurs im Weltall richtig berechnen kannst.« Oder: »Du willst Tierärztin werden? Dann solltest du in Chemie und Biologie lernen, wie Leben entsteht und wächst.« Erwachsenen, die einen Bootsführerschein machen, eine Fremdsprache oder Golf lernen wollen, ist der Sinn ihrer Anstrengung klar. Gerade Golf ist am Anfang eine »Schule in Demut«.

Lernen muss nicht wehtun

Googelt man »Wie lernt man am besten?«, landet man fast ausschließlich bei Tipps, um Prüfungen zu bestehen: präzise Strukturierung der Lehrinhalte, richtige Ernährung, Kenntnis des eigenen Biorhythmus, Analyse des eigenen Lerntypus, Überwindung des inneren Schweinehundes, Vermeidung von Ablenkung sind hilfreiche Empfehlungen, um die für das Leben notwendigen formalen Qualifikationen zu erwerben. Um all das geht es nicht in diesem Kapitel. Lernen ist kein Leistungssport, der sich nur für Menschen mit hohem IQ und eiserner Disziplin eignen würde. Lernen verlangt Beziehung, wie ausführlich dargestellt wurde, allerdings nicht nur die Beziehung zu anderen, sondern auch die Beziehung zu uns selbst: Was hat dieses Thema mit mir zu tun? Welche neuen Erkenntnisse könnte ich gewinnen? Wann habe ich das letzte Mal eine Fähigkeit auf einem für mich neuen Gebiet erlernt? Wen könnte ich beim Lernen unterstützen? Welchen Kurs wollte ich schon immer machen?

Lernen ist die Voraussetzung, um Dinge besser zu können und Freude daran zu haben. Das betrifft keineswegs nur den Beruf: einen schönen Garten pflegen und neue Pflanzen setzen, fremde Gerichte beim Kochen wagen, eine Sportart wie Segeln, Wasserski, Yoga, Pilates oder Klettern lernen und vieles mehr. Wundersamerweise wird Lernen dann auf einmal gar nicht als Belastung empfunden, obwohl es mit großer Anstrengung verbunden ist und wir oft sogar Geld dafür ausgeben müssen. Belohnt werden wir durch die Glückserlebnisse, indem wir ein höheres Niveau erreichen und Dinge mit mehr Freude ausüben können. Denken Sie an eine Erfahrung in Ihrem Leben, als Sie sich beim Erlernen einer Fähigkeit voll Energie und Freude gefühlt haben:

- Was war diese Erfahrung?

- Welche Bedingungen haben diese Freude gefördert?

- Was haben Sie selbst dazu beigetragen, damit jenes Erlebnis so positiv war?

Der Grundgedanke der Aufklärung, dass Bildung die notwendigen Voraussetzungen dafür schaffen kann, um Menschen zu ermächtigen, ihr Leben selbst zu bestimmen und das Gemeinwohl zu fördern, ist heute aktueller denn je. Die große Herausforderung liegt darin, vom Wissen zum Verstehen und dann zur praktischen Umsetzung zu kommen. Denn abgesehen von Beruf, Status und dem Erwerb von formalen Qualifikationen bedeutet Lernen etwas viel Schöneres:

Wir sind nicht allein beim Versuch, die Welt heute verstehen und unser Leben auch morgen noch meistern zu können. Lernen heißt nicht nur, sich Wissen und Fähigkeiten anzutrainieren, sondern sich einer Gemeinschaft anzuschließen. Lernen ist etwas Existenzielles und Menschliches, es geht nicht bloß um unseren Kopf, sondern auch um unser Herz und unsere Seele.[4]

Was ist die wichtigste Kompetenz, die in Zukunft unbedingt erforderlich sein wird?

Es ist die Fähigkeit, in einer sich ständig verändernden Welt handlungsfähig und emotional stabil zu bleiben. Wenige Menschen besitzen derzeit das dafür notwendige Mindset und werden in der Lage sein, es sich selbst anzueignen. Theoretisch wäre das die zentrale Aufgabe unseres Bildungssystems. Dieses ist jedoch viel zu sehr an die Vergangenheit gefesselt, um das leisten zu können. Noch viel schwieriger ist die Frage zu beantworten, wie wir Menschen, die seit vielen Jahren in ihren Berufen arbeiten, jene

Haltungen und Fähigkeiten vermitteln, die ansatzweise in diesem Buch beschrieben werden. Denn alte Denkweisen aufzugeben, um komplett neue zu lernen, verursacht Stress, und das Stressniveau der Gesellschaft ist in den letzten Jahren aufgrund der Zusammenballung der äußeren Krisen ohnehin schon deutlich angestiegen. Stress und Angst sind aber die größten Feinde des Lernens. Was tun?

Wenn wir einen Bruchteil der Billionen Euro, die wir in technologischen Fortschritt investieren, in die spirituelle, mentale und ethische Weiterentwicklung der Menschheit, also in uns allen, steckten, könnten wir das sichern, was uns im Kern als Homo sapiens ausmacht: verstehende und lernende Wesen.

Die Wortherkunft von »lernen« bedeutet »einer Spur nachgehen«. Übertragen auf unsere Zeit bedeutet das:

Wir lernen mit-einander und wir lernen von-einander.

Wir lernen nur das, was wir nicht schon wissen.

Wir lernen vor allem dann, wenn wir fragen, wenn wir etwas suchen oder versuchen.

Die Bewältigung von Themen wie der Digitalisierung der Arbeitswelt, des Klimawandels, der sozialen Gerechtigkeit und eines gesunden Lebensstils setzt lernende Menschen voraus.

Wer lernt, lebt länger

»Was Hänschen nicht lernt, lernt Hans nimmermehr« ist ein gefährlich falscher Kalenderspruch. Zum Lernen ist man nie zu alt. Lara Müller: »Am Beispiel meiner Großmutter habe ich gesehen, dass sie ihre Einstellung zu vielen Dingen, die für sie lange nicht als ›normal‹ galten und gegen die sie noch immer innere Widerstände spürt, sehr wohl ändern kann. Sie hört mir dann zu und versucht zu verstehen, warum wir Jüngeren anders darüber denken. Das finde ich sehr schön, dass das eigentlich in jedem Alter noch geht. Und das würde ich mir eigentlich von jedem Menschen wünschen.«

Die Befriedigung, die wir aus dem Lerntrieb erzielen können, nimmt im Laufe des Lebens nicht ab, sondern wächst. Mit Google, mit der größten kostenlosen Lernplattform YouTube, mit Wikipedia und der Nutzung des Potenzials von KI kann jeder Mensch klüger werden. Informationen gibt es im Internet kostenlos im Überfluss. Worauf es ankommt, ist die Leidenschaft zu lernen. Wissenschaftlich Interessierte können mit Google Scholar selbst als Laien schnell den Stand der Wissenschaft zu einem Thema erfassen. Testen Sie diese Suchmaschine einmal an einem Ihrer Interessengebiete und lassen Sie sich überraschen.

Ein lernender Mensch ist vor allem ein neugieriger Mensch. Er ist neugierig darauf, mehr über sich selbst und andere zu erfahren. Mehr noch, er ist neugierig auf die ganze Welt. Sobald ein Funke sein Interesse auf einem Gebiet entzündet hat, gibt er sich nicht mit der Oberfläche zufrieden, sondern beginnt tiefer einzudringen und gleichzeitig seinen Horizont zu erweitern.

Im Vergleich zur Schule oder zum Beruf müssen wir uns beim selbstbestimmten Lernen im Alter nicht ständig mit anderen vergleichen. Die einzige Vergleichsperson sind wir selbst. Die Freude am Lernen kommt nicht vom Vergleich, sondern vom Fortschritt. Stellen Sie sich schlicht die Frage: »Bin ich heute auf einem für mich wichtigen Gebiet besser als vor einem Jahr?«

Sie, liebe Leserin, lieber Leser, gehören zu den Lernenden. Nicht-Lerner lesen selten Bücher wie dieses. Dafür werden Sie mit ein bisschen Glück länger und besser leben.

1 Ich habe dieses Beispiel ausgewählt, weil ich bei einem Vorempfang zu »La Traviata« der Wiener Staatsoper dabei sein durfte, als Pretty Yende ihre berührende Lebensgeschichte erzählt hat.
2 Interview mit David Steindl-Rast am 18.11.2021 im Kloster Gut Aich
3 John Hattie: *Visible Learning: A Synthesis of Over 800 Meta-Analyses Relating to Achievement*. Rowohlt. 2008.
4 Jan Roß: *Bildung – eine Anleitung*. 2020.

Zukunftssplitter out of the box

Erkennen Sie die Chancen des Weltraums – auch wenn Sie nicht zum Mars fliegen wollen

Warum sollte sich die Menschheit überhaupt auf die Eroberung des Weltraums einlassen, wo es doch genug Probleme auf der Erde zu lösen gäbe? Der Wissenschaftsjournalist Stephen Petranek hat dafür eine zumindest diskussionswürdige Antwort: »Vor 500 Jahren segelte Christoph Kolumbus über einen riesigen Ozean und schlug ein neues Kapitel in der Menschheitsgeschichte auf, im Guten wie im Schlechten ... Ich glaube, wir stehen am Rande eines viel größeren Zeitalters der Entdeckung. Wir können eine Zwei-Planeten-Spezies werden.«[1]

Spätestens seit Elon Musk seine ambitionierten Pläne zur Besiedelung des Mars mit der ihm eigenen PR-Macht verlautbart hat, wird öffentlich heftig darüber debattiert. Allein die Überwindung der Distanz ist eine gewaltige Herausforderung. Im Durchschnitt beträgt die Entfernung von der Erde zum Mars rund siebzig Millionen Kilometer, die sich aber aufgrund der Bewegung der beiden Planeten verändert. Alle zweieinhalb Jahre gibt es ein günstiges Zeitfenster. Damit Menschen auf dem Mars leben und vor allem überleben können, brauchen sie Wasser, Nahrung, Kleidung, Sauerstoff, Wohnraum und Schutz vor kosmischer Strahlung. Um den Mars dauerhaft zu besiedeln, müsste man ihn durch ökologische Eingriffe massiv verändern, etwa indem man eine dichtere Atmosphäre schafft, die vor der Strahlung schützt und Regen ermöglichen würde. Das wäre allerdings aus heutiger Sicht eine Vision, deren Verwirklichung Hunderte Jahre dauern würde. Ungeachtet dessen plant Elon Musk tausend SpaceX-Raumschiffe mit je achtzig Passagieren als Pioniere zum Mars zu schicken. Die Einschätzungen, wann eine Besiedelung des Mars starten könnte, klaffen weit auseinander. Skeptiker halten das erst 2050 für möglich, die NASA sagt 2040, andere denken an das Jahr 2030 und Elon Musk möchte es trotz der Probleme mit der SpaceX-Rakete sogar früher schaffen.

Unabhängig von jenen Visionen müssen riesige logistische Probleme bewältigt werden. Julian Rothenbuchner studiert Luft- und Raumfahrttechnik an der Technischen Universität Delft, die in Europa führend auf diesem Gebiet ist. Er engagiert sich zusätzlich im internationalen freiwilligen Research Project Tumbleweed, wo vor allem junge Forscher daran arbeiten, einen windgetriebenen Mars-Rover zu entwickeln. Dieser soll die starken Marsstürme als Antriebsquelle für hundert Rover nützen, die kostengünstig produziert, transportiert und betrieben werden könnten. Damit wäre es wissenschaftlichen Institutionen und Unternehmen möglich, große Gebiete der Marsoberfläche für Forschungszwecke zu erschließen. Was fasziniert einen jungen Forscher am Weltraum? »Für mich ist der Weltraum eine unsichtbare Zeitenwende. Wir reden vom zweiten Weltraumzeitalter. Das erste war ausgelöst durch den ›Sputnik-Schock‹, das Wettrennen zum Mond. Das zweite ist die Kommerzialisierung des Weltraums durch Satelliten, GPS, Kartografie usw. Diese Technik wird immer datengetriebener. Ständig werden mehr dieser Daten im Weltraum generiert und genutzt. Die Art, wie wir mit diesen Daten im Weltraum umgehen und wie wir sie für uns nutzen, wird sich rapide verändern. Das finde ich enorm spannend. Vor zwanzig Jahren hat man gesagt, jede Firma wird einmal eine Internetfirma sein, und das stimmt jetzt. Ohne Website, was willst du noch machen? In fünf oder spätestens in zehn Jahren wird jedes Unternehmen ein Weltraumunternehmen sein. Natürlich wird das nie für alle Unternehmen gleich sein, es wird Unternehmen geben, die wahrscheinlich mehr davon profitieren werden und andere weniger, genauso wie heute beim Internet. Für manche Unternehmen wird das sogar das Kerngeschäft sein, während es für andere nur peripher relevant sein wird«, antwortete Julian Rothenbuchner.

So wird sich unser Leben als normale Erdbewohner im Weltraumzeitalter verändern

Einige Beispiele: Es werden Plattformen aufgebaut, auf denen Firmen Dienstleistungen anbieten können, wie zum Beispiel Verkehrsberichte, die Überwachung von großen Anbaufeldern und technischen Anlagen, Raumplanung oder das Entdecken von Gaslecks. Die Nutzung dieser im Weltraum generierten Daten ist für Unternehmen wertvoll, die einen Windpark oder Solarparks betreiben, im weitesten Sinn für alle, die Infrastruktur ständig überwachen müssen.

Die für den durchschnittlichen Konsumenten wichtigste Anwendung wird satellitenbasiertes Internet sein, das

Glasfaser- und Transatlantikkabel ersetzen könnte. Das derzeit bekannteste Satellitennetzwerk ist Starlink, das zum US-Raumfahrtunternehmen SpaceX von Elon Musk gehört. Es ermöglicht die Bereitstellung von Internet in Gebieten, in denen zuvor keine oder eine nicht ausreichende Verbindung zur Verfügung stand. Bedenkt man die Dimensionen des geplanten Ausbaus, wird schnell klar, dass das kein Nischenthema für einige Nerds ist, sondern eine neue Realität, die die digitale Welt radikal verändern wird. Zusätzlich zu den 3.704 aktiven Starlink-Satelliten existieren heute bereits Genehmigungen für den Start von maximal 19.427 Satelliten sowie Anträge von SpaceX für nochmals bis zu 22.488 Satelliten. Rechnet man alle zusammen, kommt man auf die fünffache Anzahl von Satelliten, verglichen mit jener, die seit dem ersten Sputnik im Jahr 1957 bis ins Jahr 2019 gestartet wurden.[2] Daher ist es durchaus wahrscheinlich, dass in zehn Jahren unser Internetzugang über einen Satelliten erfolgen wird, weil dies flexibler, schneller und an jedem Ort der Welt verfügbar sein wird.

Zusätzlich zu den primär technologisch-ökonomischen Innovationen bietet die Erforschung des Weltalls Chancen auf unterschiedlichen Gebieten:

Das Weltall ermöglicht uns, neue Erkenntnisse über die Entstehung und Entwicklung des Universums zu gewinnen. Die Erforschung der Beschaffenheit einzelner Planeten liefert Informationen über die Bedingungen für die Entstehung von Leben in anderen Teilen des Weltalls.

Umweltschutz: Durch die Überwachung der Erde aus dem Weltraum können wir Umweltveränderungen wie Klimawandel, Waldsterben, Wasserknappheit und Naturkatastrophen besser verstehen und ihnen entgegenwirken.

Ressourcen und Energie: Erze und andere wichtige Rohstoffe könnten auf Asteroiden abgebaut werden mit dem Zweck, diese nicht aufwändig von der Erde ins All transportieren zu müssen, sondern sie direkt für den Bau von Raumstationen oder die Besiedelung von Planeten zu nutzen. Es existieren auch Konzepte, Sonnenenergie mittel Solarmodulen direkt im Weltraum einzufangen und sie auf die Erde weiterzuleiten, um so unseren Energiebedarf zu decken.

Die Zusammenarbeit von Wissenschaftlern aller Nationen: Die Internationale Raumstation, kurz ISS, ist die bislang größte Raumstation der Menschheit und der Beweis dafür, dass auch ehemals verfeindete Länder wie die USA und Russland gemeinsam eine Vision verwirklichen können, auch wenn deren Verhältnis derzeit wieder sehr belastet ist. Insgesamt beteiligen sich 16 Nationen an der ISS. Ein ähnliches Projekt ist das Artemis-Programm mit dem Ziel, eine dauerhafte Basis auf dem Mond aufzubauen. Unter der Leitung der NASA kooperieren internationale Partner wie die europäische, die japanische und die kanadische Raumfahrtagentur.

Die größte Gefahr im Weltall geht nicht von
Außerirdischen, sondern von uns aus

Werden wir im Kampf gegen den Klimawandel die Büch-
se der Pandora des Geoengineerings irgendwann öffnen
(müssen)? Darunter versteht man unterschiedliche Technologien, die darauf abzielen, das globale Klimasystem
bewusst zu verändern, um die Folgen des Klimawandels
abzumildern. Diese Techniken bezwecken zum Beispiel
durch das Versprühen von Aerosolen in der Atmosphäre,
die Reflexion des einfallenden kurzwelligen Sonnenlichts
zu erhöhen und damit dem globalen Temperaturanstieg
entgegenzuwirken. Geoengineering befindet sich noch in
einem theoretischen Versuchsstadium und ist sehr um-
stritten. Es werden unberechenbare Risiken wie eine Schä-
digung der Ozonschicht oder negative Auswirkungen auf
die Gesundheit von Menschen, Tier- und Pflanzenwelt be-
fürchtet. Ungeachtet dessen wird die Forschung sowohl
von privaten Forschungsinitiativen als auch von den USA
und China finanziert. Bedenkt man, dass die Erreichung
der Begrenzung der Erderwärmung auf 1,5 Grad Celsius
wegen der derzeitigen Entwicklungen in den entscheidenden Ländern USA, China, Indien und der EU eher unwahr-
scheinlich erscheint, wird sich die globale Debatte über
Geoengineering spätestens dann entzünden, sobald die
Auswirkungen des Klimawandels noch massiver spürbar
werden. Eine spannend zu lesende Dystopie über das Thema Geoengineering bietet das Buch °C – *Celsius* von Marc
Elsberg. Es ist ein fiktionaler Thriller, der aber durchaus

gut recherchiert die komplexen Zusammenhänge jedes Eingriffs in die Atmosphäre beschreibt.

Was junge Menschen an der Erforschung des Weltalls fasziniert

»Wenn man zum Mars fliegt, dann macht man das, um zu forschen, aber vor allem, um zu inspirieren, um zu zeigen, was möglich ist. Wenn wir es schaffen, zum Mars zu fliegen, dann werden wir es auch schaffen, Herausforderungen hier auf der Erde wie den Klimawandel zu bewältigen. Ich beschäftige mich sehr intensiv mit Raumfahrt, besonders mit Raketenbau. Daher möchte ich andere Menschen für das Thema begeistern, weil es eben wichtig ist, im Weltraum zu forschen. Wir werden in Zukunft viel mehr Raumfahrtmissionen erleben«, glaubt Charlotte Beckmann, die in München im englischsprachigen Bachelor-Programm Aerospace studieren möchte. Woher kommt ihr Interesse für Raumfahrt?

Irgendwann während Corona wurde ihr von YouTube ein Video über Raketentriebwerke vorgeschlagen, dann folgten weitere Videos und sie fand sich schnell in der deutschsprachigen Raumfahrt-Community auf Discord wieder. Discord www.discord.com wurde 2015 als eine Plattform für Menschen mit ähnlichen Interessen zum Teilen und Kommunizieren ins Leben gerufen. Dadurch lernte sie an Raumfahrt interessierte Menschen kennen. Charlotte möchte einmal Raketen bauen, aber nicht selbst zum Mars fliegen. Die Entwicklung bei SpaceX verfolgt sie aufmerksam, weil sie deren Philosophie, neue Möglichkeiten auszuprobieren, Fehlschläge genau zu analysieren und es immer wieder zu versuchen, beeindruckt. Besonders imponiert ihr Gwynne Shotwell, die beweist, dass auch eine Frau ein Raumfahrtunternehmen leiten kann. Sie ist die Präsidentin und Chief Operating Officer von SpaceX, unter anderem verantwortlich für das Tagesgeschäft, das Unternehmenswachstum und die strategischen Kundenbeziehungen. Unter ihrer Führung wurde SpaceX vom Start-up zum Weltmarktführer für kommerzielle Satellitenstarts. Gerade in der Anfangszeit von SpaceX war es Shotwell, die Investoren immer wieder beruhigen musste, wenn sich eine der vollmundigen Ankündigungen von Elon Musk als unrealistisch erwies. Ein Vorbild von Charlotte Beckmann ist auch der Raumfahrtingenieur Tom Mueller, der in seiner Garage viele Nächte und Wochenenden opferte, um eigene Flüssigkeitsraketentriebwerke zu entwickeln. Diese erprobte er mit Gleichgesinnten der Reaction Research Society, einem Club von begeisterten Freizeit-Raketenbauern. 2002 wurde Tom Mueller von Elon Musk abgeworben. Bei SpaceX leitete er die Entwicklung der Kestrel- und Merlin-Triebwerke, bevor er sich langsam zurückzog und 2020 ganz ausschied.

Bei aller Euphorie sieht Charlotte Beckmann die Gefahren, die von einer immer stärkeren Kommerzialisierung des Weltraums ausgehen. Wenn einmal Zehntausende Satelliten im All kreisen, werden diese irgendwann in zehn, zwanzig oder dreißig Jahren kaputtgehen und in der oberen Erdatmosphäre verglühen. Das kann sich in der Masse als sehr schädlich herausstellen.

Wer glaubt, dass Raumfahrt in Deutschland ein Minderheitenthema ist, der sollte die entsprechende Fachmesse in Berlin besuchen. Dort präsentiert sich eine Vielzahl von Start-ups, die alle von dem Wunsch beseelt sind, Raketen zu bauen. Die meisten sind eher konventionelle Konzepte, die sich im Gegensatz zu SpaceX nicht wiederverwenden lassen. An Ideen und kompetenten, meist jungen Menschen mangelt es jedenfalls nicht in Europa. »Während die Fortschritte staatlicher Raumfahrtforschung wie Staatsgeheimnisse gehandelt werden, lässt SpaceX die globale Community auf YouTube viele Entwicklungen mit Kameras 24 Stunden am Tag miterleben. Gerade wenn sie etwas Neues testen, dann streamen sie die Versuche live im Internet. Für mich als Europäerin ist das extrem wertvoll, zumindest virtuell dabei sein zu dürfen. Und natürlich würde ich gerne einmal selbst dort arbeiten«, hofft Charlotte Beckmann.

Der englische Philosoph und Staatsmann Francis Bacon hat bereits zu seinen Lebzeiten im 16. Jahrhundert die Unbegreiflichkeit des Weltraums formuliert. Bis heute hat sich an der zeitlosen Gültigkeit seines Zitats nichts geändert:

»*Wir dürfen das Weltall nicht einengen, um es
den Grenzen unseres Vorstellungsvermögens
anzupassen, wie der Mensch es bisher zu tun pflegte.
Wir müssen vielmehr unser Wissen ausdehnen,
sodass es das Bild des Weltalls zu fassen vermag.*«

1 Stephen Petranek: *How We'll Live on Mars* (TED Books). 2015.
2 Quelle: Wikipedia

Lernen Sie, in Zelten zu leben, statt Häuser mit fixen Grundmauern zu bauen

»Man wirft den Menschen immer vor, dass sie ihre Mängel nicht erkennen. Noch weniger aber kennen sie ihre Stärken. Sie sind wie das Erdreich. In vielen Grundstücken sind Schätze verborgen, aber der Besitzer weiß nichts von ihnen.«

Jonathan Swift

Das gemauerte Haus steht als Metapher dafür, dass wir in der Vergangenheit am Beginn unseres Erwachsenenlebens ein Fundament aus fixen Einstellungen und Identitäten, einer klar definierten Ausbildung (Lehre, Fachausbildung, Universität) und einem vorgezeichneten Berufsweg festgelegt haben. Das entsprach oft den wohlwollenden Wünschen der Eltern. Selbst wenn diese in ihrer Jugend davon geträumt hatten, ihren Leidenschaften zu folgen und Großes zu wagen, drängten sie ihre eigenen Kinder dazu, etwas »Sicheres und Zukunftsweisendes« zu studieren. Die Hälfte aller Nobelpreise in den Naturwissenschaften wurde übrigens an Forscher vergeben, die in Fachgebieten arbeiteten, die noch gar nicht existierten, als sie selbst studierten. Und an der These, dass Bankangestellter zwar meist ein ziemlich langweiliger, aber dafür sicherer Job ist, hat sich eher der erste Teil als krisensicher erwiesen. So viel zum Thema »etwas Zukunftssicheres studieren«.

Wer früher nach dem Start in eine »sichere« berufliche Karriere tatsächlich ein Haus baute, um es in Raten 25 Jahre lang abzuzahlen, war fix an einen Wohnort gebunden und musste attraktive Angebote, die weit davon entfernt lagen, meist ablehnen. Wer sich heute dagegen in seinen Werten und Einstellungen gegenüber der Welt nicht einmauert, sondern bereit ist, diese immer wieder zu verändern und anzupassen, wer willens ist, seine »Zelte dort aufzuschlagen« und wieder abzubauen, wo sich die spannendsten Entwicklungschancen bieten, der wird morgen erfolgreich sein. Allerdings nur dann, wenn er seine Fähigkeiten ständig weiterentwickelt und völlig neue erwirbt, die auf ganz anderen Gebieten liegen als am Beginn seiner Berufslaufbahn.

Lara Müller denkt bereits in jene Richtung: »In meiner derzeitigen Situation spricht mich die Metapher mit dem Zelt statt dem Haus natürlich sehr an, weil ich diesen jugendlichen Entdeckergeist in mir verspüre, weil es mich sehr raus in die Welt zieht und ich einfach viel, viel Erfahrung sammeln will. Ich sehe auch beruflich viele Chancen, wenn ich mich frei bewegen kann. Mir ist aber auch bewusst, dass das dann vor allem mit Familie irgendwie schwierig sein könnte, weil man auch gegenüber dem Kind Verantwortung hat und dieses ungern ständig aus seiner gewohnten Umgebung reißen möchte, während es aufwächst.«

Caro Terkamp, ebenfalls Schülerin in St. Afra, hofft, dass es die Digitalisierung in Zukunft ermöglichen wird, internationale Karrieren besser mit einer Familie zu vereinbaren: »Viele Unternehmen werden dann zwar ihren Hauptsitz in einer anderen Stadt haben, aber es wird reichen, dort alle zwei Wochen einmal hinzufahren und den Rest macht man vom Homeoffice. Ich glaube, zwischen den Städten wird es viel mehr Wechselmöglichkeiten geben, sodass man physisch an seinem Wohnsitz bleiben, aber beruflich trotzdem in den nächsten Zug springen kann.«

Zelte statt Häuser bedeutet auch eine Veränderung der Einstellung zu materiellen Werten, die ich in vielen Gesprächen festgestellt habe. In einer Welt, in der es um Veränderung, Geschwindigkeit und Flexibilität geht, wird Besitz zunehmend zur Last und an Bedeutung verlieren. Besitz wird dann eher geteilt werden. Viele der Jungen denken sehr ernsthaft darüber nach, ob sie selbst Kinder in die Welt setzen, ganz darauf verzichten oder vielleicht adoptieren wollen. Einige können sich vorstellen, in einem familienähnlichen Verbund mit Freunden, deren Kindern und älteren Menschen gemeinsam zu leben. Dieses noch sehr lose Konzept der »Verantwortungsgemeinschaft« wird an Bedeutung gewinnen. Rosa Mangold: »Für mich ist der Sinn meines Lebens, es so auszurichten, dass ich das Gefühl habe, ich tue etwas Gutes für die Menschheit. Ich muss nicht unbedingt irgendetwas Großes erreichen, sondern ich möchte zumindest, dass wenn Leute an mich denken, es etwas Positives ist.«

Die Lebenswege werden bunter

Seit der Gründung der Sir Karl Popper Schule kehrt der Vorwurf, dass dort einseitig naturwissenschaftliche »Eierköpfe« gezüchtet würden, immer wieder. Die Realität ist eine andere. Sie zeigt, wie vielfältig sich die beruflichen Lebenswege der Absolventen der Schule entwickelt haben. Auch wenn es sich bei ihnen um eine besonders agile und qualifizierte Minderheit handelt, zeigen ihre Karrieren ein Bild der Gegenwart, das in Zukunft richtungsweisend für viele Menschen sein wird. Einige Beispiele:

Isabella Deutsch arbeitete ein Jahr freiwillig in Berlin im Anne Frank Zentrum (Holocaust-Aufarbeitung, Arbeit mit Jugendgruppen), begann dann ein Studium der Psychologie, wechselte zu Statistik, arbeitete nebenbei in einer Werbeagentur, nahm anschließend an einem Start-up-Programm der US-Botschaft teil, startete selbst kleine Projekte und ist derzeit Schriftstellerin.

Philipp Schürz begann ein Architekturstudium an der Technischen Universität Wien, wechselte auf die Universität für Bodenkultur mit dem Schwerpunkt Umwelt- und Bioressourcenmanagement, schloss daraufhin ein Grafikdesign-Kolleg ab, um danach Medientechnik und -Design an der Fachhochschule Hagenberg zu studieren. Heute ist er in dem extrem risikoreichen Feld von Online-Gaming tätig.

Der Schwerpunkt von Maximilian Eberl liegt in der Verknüpfung der Online-/Offline-Welt und der Entwicklung von smarten Big-Data-Lösungen. Er vertraut auf seine Erfahrungen mit Start-ups und der Wissensvermittlung durch Neue Medien im Bereich Gesellschaftspolitik und Nachhaltigkeit. Er konnte viele wertvolle Erfahrungen sowohl im Zivildienst als auch während seines Studiums im

Ausland sammeln und vor allem ein Gespür für die Zusammenarbeit in transkulturellen und interdisziplinären Teams entwickeln. Er ist ehrenamtliches Vorstandsmitglied beim Integrationshaus Wien.

Magdalena Lederbauer studiert Chemie an der ETH Zürich und ist dort bereits Teaching Assistent. Sie hat als Co-Autorin an der Erarbeitung der Beispiele für die Internationale Chemieolympiade 2023 mitgewirkt.

Christoph Radakovits studierte nach Matura und Zivildienst ein Jahr lang Betriebswirtschaft und wechselte dann zu Theater-, Film- und Medienwissenschaften an die Universität Wien. Anschließend begann er ein Schauspielstudium an der Kunstuniversität Graz. Er wirkte an mehreren prämierten Theaterproduktionen mit. Von 2015 bis 2019 gehörte er dem Ensemble des Wiener Burgtheaters an und debütierte dort erfolgreich an der Seite von Ignaz Kirchner und Marie-Luise Stockinger in Heiner Müllers »Hamletmaschine«. Heute lebt er als freier Schauspieler in Wien.

Es gibt auch viele Absolventen, die in der Wissenschaft und in NGOs tätig sind oder traditionelle Berufe wie als Ärzte oder Unternehmensberater ausüben. Unter ihnen ist auch der Gründer eines internationalen Unternehmens, das 73.000 Kunden hat, mehr als viereinhalb Millionen registrierte Nutzer zählt und über 16 Millionen US-Dollar Jahresumsatz erreicht.

Auffallend bei den meisten Lebenswegen ist der oft radikale Wechsel zwischen früher streng getrennten Studien. Viele Absolventen kämpfen zwar mit der Entscheidung, welche Studienrichtung sie wählen sollen, sehen das aber als ein begrüßenswertes Ergebnis ihrer umfassenden Förderung in den Natur- und Geisteswissenschaften, die sie nicht schnell in eine Richtung gedrängt hat. Einige Universitäten reagieren bereits und konzipieren ihre Studien interdisziplinär und thematisch breiter. Die Stanford-Universität wird diesem Trend schon lange gerecht, indem sie von ihren Studenten verlangt, dass sie im ersten Studienabschnitt mindestens vierzig Prozent Kurse in Fächern belegen, die nichts mit ihrem Hauptfach zu tun haben. Angehende Software-Ingenieure müssen sich daher mit Philosophie und Psychologie, hingegen Managementstudenten mit Technik und Literatur beschäftigen. Das bereitet junge Menschen darauf vor, in ihrem Leben völlig unterschiedliche berufliche Tätigkeiten ausüben zu können. Damit verbunden werden auch häufige Wechsel der Lebensmittelpunkte sein.

In der Welt von morgen, in der »Zelte Häuser ersetzen«, muss auch der Schuster nicht bei seinem Leisten bleiben. Denn erstens kommt es anders und zweitens als man denkt, und drittens die Überraschung, dass man irgendwann an einem Punkt landet, wo man sich sagt: »Ich hätte nie gedacht, dass ich hier einmal lande.« Warum das etwas Schönes sein kann? Eine von vielen möglichen Antworten gibt Victor Hugo:

»Die Zukunft hat viele Namen: Für Schwache ist sie
das Unerreichbare, für die Furchtsamen das
Unbekannte, für die Mutigen die Chance.«

Seien Sie dankbar für das Privileg, in Europa zu leben – solange es noch geht

Dem japanischen Architekten Hajime Narukawa gelang es, eine Weltkarte zu erstellen, die den tatsächlichen Größenverhältnissen der einzelnen Kontinente und Länder realitätsnäher entspricht, als das auf den in Europa bekannten Karten und Schulatlanten der Fall ist.[1] Auf Narukawas Karte liegt der Pazifik und nicht der Atlantik in der Mitte, die nördliche Hemisphäre ist kleiner und die südliche dafür größer, als wir das normalerweise kennen. Vor allem Europa wirkt dadurch im Vergleich zu Südostasien, Südamerika und Afrika deutlich zusammengepresst. Es erscheint fast unvorstellbar, dass kleine Flecken wie Portugal, Spanien, die Niederlande oder Großbritannien lange Zeit große Teile der Welt beherrscht haben. Diese Karte entspricht allerdings der geografischen Wahrheit und gibt einen Ausblick auf die zukünftige wirtschaftliche und politische Machtverteilung der Welt.

Europa schätzt man zu lieben, wenn man in der Ferne ist

»Europa war oder ist noch immer ein großartiges Projekt. Ich weiß die Möglichkeit, nach Österreich in den Skiurlaub fahren zu können, ohne dass ich einen Pass vorzeigen muss, sehr zu schätzen. Es gibt sogar eine Piste, die in Österreich beginnt und in Deutschland endet. Auch dass man fast überall mit Euro zahlen kann, finde ich sehr praktisch. Für dieses Privileg, in Europa leben zu können, bin ich sehr dankbar. Es gibt aber einige Länder, in die ich nicht ziehen möchte, wie Ungarn oder Polen. Es macht mir Sorgen, dass Europa in sich tief gespalten ist und sich zu viel mit inneren Streitigkeiten und der Bürokratie beschäftigt. Die USA haben uns schon lange überholt und China ebenfalls. Wenn man sich Europa in der Mitte der Weltkarte anschaut, liegen wir irgendwie dazwischen. Wir wollen auf der einen Seite China als Handelspartner, wir brauchen aber auch die USA, weil wir, wenn wir ehrlich sind, ohne die USA und NATO aufgeschmissen wären«, meint Caro Terkamp.

Die komplizierten Probleme der EU sind nicht Thema dieses Buchs. Ich habe meinen jungen Gesprächspartnern nur eine Frage gestellt: Wofür steht Europa für dich?

Die meisten Antworten verdeutlichen den Kerngedanken der Idee von einem gemeinsamen Europa, der oft von den vielen Krisen und internen Streitigkeiten in den Hintergrund gedrängt wird: Europa sollte für eine starke Währung, einen gemeinsamen Wertekanon, für Demokratie, Menschenrechte und wirtschaftlich für eine Freihandelszone stehen. Das sind die Werte, die junge Menschen gerne später ihren Kindern weitergeben möchten. Die Reisefreiheit wird von allen geschätzt, zur Idee eines gemeinsamen europäischen Bundesstaats statt dem derzeitigen Staatenbund gibt es dagegen konträre Ansichten.

Die Hoffnungen, die die Afraner und Popper-Schüler auf Europa richten, sind klar: Wir müssen näher zusammenfinden und Differenzen überwinden. Demokratische Bildung bräuchte einen höheren Stellenwert. Sie fragen sich: Wollen wir wirklich, dass wir eine Werteunion sind? Dann benötigen wir aber auch Möglichkeiten, die Einzelstaaten dazu zu bringen, diesem Wertekanon zu folgen. Denn wenn wir sagen, wir haben einen liberalen, wirtschaftlichen, demokratischen Wertekanon, müssen wir uns fragen, inwieweit dieser von allen Staaten umgesetzt wird. Die Jungen merken vor allem auf Reisen, wie schön es ist, Europäer zu sein. Sie schätzen die europäische Kultur und könnten sich nicht vorstellen, langfristig in Amerika zu leben. Auch die älteren Österreicher und Deutschen dürften bei aller Kritik an der EU nicht vergessen, welch riesiger Vorteil die Kombination aus Stabilität und Veränderung in Europa in der Welt von morgen sein könnte. Europa hat eine christlich-jüdische kulturelle Tradition, die viel Stabilität bietet. Europa braucht aber auch die notwendige Offenheit gegenüber einer Welt, in der sich die Kräfteverhältnisse wie am Beginn dargestellt verändern.

Junge Europäer sind nicht weniger intelligent, leistungsbereit und kreativ als ihre Alterskollegen in den USA, China oder Indien. In Europa gibt es große Potenziale, die es gilt, zukunftsfreudig und innovativ zu nutzen. Bildung ist dafür der größte Hebel. Es ist dafür aber ein neues Set-up notwendig. Sonst besteht die Gefahr, dass wir gerade die besten jungen Köpfe durch den sogenannten Brain-Drain verlieren.[2]

David Wittmann:»Ich kenne einen total smarten Absolventen meiner Schule St. Afra, der in Deutschland die

Informatik-Olympiade gewonnen hat, danach an der Stanford-Universität Informatik studierte, wo er der beste seines Jahrgangs war. Der wird ziemlich sicher in den USA bei einem Technologiekonzern arbeiten. Andere ehemalige Schüler, die internationale Wissenschaftswettbewerbe gewonnen haben, wurden direkt von Facebook abgeworben. Vielen besonders begabten Jungen fehlt der Mut, sich gleich nach dem Studium in Deutschland selbstständig zu machen, die lassen sich lieber in den USA abwerben und gehen uns verloren. Ich selbst denke gerade über Dubai und den Nahen Osten nach, weil sich dort große Chancen auftun. Mir ist allerdings schon bewusst, dass das vielleicht genau das Gegenteil von dem ist, was Europa bräuchte. Wenn viele gute Leute wegziehen, um im Ausland zu arbeiten und sich dort ihr Leben aufbauen, eventuell dort ihre Unternehmen gründen, bedeutet das am Ende für Europa nichts Gutes.«

Die dunkle Seite Europas

Europa ist in der Krise, weil es eine Überreife erreicht hat. Für viele Österreicher ist es noch immer ein wichtiges Lebensziel, mit spätestens sechzig Jahren in Pension zu gehen, manche haben den Ehrgeiz, das schon mit 55 Jahren zu erreichen. Gleichzeitig arbeiten im Silicon Valley und anderen Technologiehochburgen Wissenschaftler mit unglaublichen finanziellen Ressourcen daran, damit Menschen mindestens hundert Jahre alt werden können. Das sind zwei völlig unterschiedliche Welten. Europa ist schon lange nicht mehr das Zentrum der Welt und fällt auch technologisch immer mehr zurück. Natürlich hat Europa nach wie vor wissenschaftliche, künstlerische und unternehmerische Toptalente, die zieht es immer stärker ins Ausland, dorthin wo die »Musik der Zukunft spielt«. Charlotte Beckmann: »Ich möchte in der Raumfahrt arbeiten, daher werde ich nach meinem Studium wahrscheinlich in die USA gehen, weil da passiert die Innovation und eben nicht in Europa. Wir bauen zwar gerade auch eine neue Rakete, aber die ist sehr teuer und wird auch nach dem alten Prinzip, dass man alles wegwirft, gebaut. Das finde ich sehr schade, weil es verpasste Möglichkeiten sind.«

Selbst wenn eine Idee in Europa erfolgreich ist, fehlt oft die Marketingkraft, um sie weltweit durchzusetzen. Das beginnt schon beim mangelnden gemeinsamen Sprachraum. Das trifft auf Technologie genauso zu wie auf Bücher. Für deutschsprachige Autoren ist es fast unmöglich, in den USA publiziert zu werden. Wer eine Karriere als internationaler Bestsellerautor anstrebt, für den gilt eine einfache Regel: Am besten wirst du schon als Amerikaner geboren, wenn nicht, dann ziehe zumindest nach New York, Los Angeles oder San Francisco.

Erzählt man im Ausland, dass man Österreicher ist, dann reagieren die meisten Menschen spontan mit Mozart und Musik, Sigmund Freud, Skifahren und welch schöne Stadt Wien ist. Das war es dann aber auch. Deutschland hat seine Kompetenz als führende Technologienation in den Bereichen Chemie, Maschinenbau verloren und ist gerade dabei, die Spitzenstellung bei der Produktion von hochwertigen Fahrzeugen zu verspielen. Im gesamten Silicon Valley ist mit SAP ein einziges relevantes deutsches Unternehmen vertreten, das weltweit zu den fünf größten Softwareunternehmen gehört.

Wo wir Europäer (noch) besser sind als die USA

Die USA haben einige der herausragendsten technologischen und wissenschaftlichen Visionäre hervorgebracht und gleichzeitig einen Haufen Idioten, die davon überzeugt sind, dass die Erde eine Scheibe ist. Das amerikanische Volk hat zuerst Barack Obama gewählt – und dann Donald Trump als seinen Nachfolger. Das Licht von Silicon Valley und der wohlhabenden Stadtteile von New York, Los Angeles und San Francisco wirft lange Schatten. Die Verlierer der amerikanischen Mittelschicht haben den amerikanischen Traum längst aufgegeben, genauso wie die meisten Afroamerikaner. Armut, Chancenlosigkeit gepaart mit einem gnadenlosen Rechtssystem führen dazu, dass die USA die meisten Gefängnisinsassen der Welt haben, mehr als das autoritäre China. Den besten privaten Schulen und Universitäten in den USA steht ein offensichtlich gescheitertes Bildungs- und Sozialsystem gegenüber.

Es gibt viele europäische Errungenschaften, die uns selbstverständlich geworden sind:

Wirtschaftliche Stabilität: Die EU gehört nach den USA und China zu den drei wirtschaftlich stärksten Regionen der Welt und zeichnet sich durch eine gute öffentliche Infrastruktur, eine diversifizierte Wirtschaftsstruktur mit vielen Klein- und Mittelbetrieben und einer hohen Produktivität aus. Ein dichtes öffentliches Verkehrsnetz und Straßen in gutem Zustand lernt man schnell zu schätzen, wenn man durch andere Länder reist. Viele europäische Länder haben eine niedrige Arbeitslosenquote und bieten aufgrund des Fachkräftemangels attraktive Beschäftigungsmöglichkeiten. Der europäische Binnenmarkt der EU ohne Zölle hat die wirtschaftliche Entwicklung wesentlich gefördert, das sieht man jetzt deutlich an den Problemen Großbritanniens nach dem Brexit.

Hochwertiges Gesundheitssystem: Im Vergleich mit anderen Ländern hat Europa noch immer ein hoch entwickeltes Gesundheitssystem. Die meisten europäischen Staaten bieten ihren Bürgern einen umfassenden Krankenversicherungsschutz und garantieren den Zugang zu einer breiten Palette von Gesundheitsdienstleistungen.

Kulturelle Schätze und moderne Kultur: Europa verfügt über ein reiches kulturelles Erbe mit einer Vielzahl von Sprachen, Kunstwerken, Architektur und Traditionen. Der Kontinent beherbergt einige der bekanntesten historischen Stätten der Welt, von antiken griechischen Tempeln bis hin zu mittelalterlichen Burgen und Meisterwerken aller Epochen. Europäische Städte zeichnen sich durch eine zeitgenössische Kulturszene mit Theatern, Museen, Konzerten und Festivals aus, die für jeden Geschmack etwas zu bieten haben.

Lebensqualität und soziale Absicherung: Europa ist bekannt für seine hohe Lebensqualität und soziale Absicherung bis ins Alter. Viele europäische Länder bieten ihren Bürgern ein starkes soziales Sicherheitsnetz mit Unterstützungssystemen wie Arbeitslosengeld, Rentenversicherung, Mutterschaftsurlaub und kostenlosen Bildungseinrichtungen. Ein Wohlfahrtsstaat in dieser Form ist einzigartig auf der Welt, obwohl das vielen Deutschen und Österreichern zu wenig bewusst ist.

Doch wie lange können wir Europäer uns diesen Wohlfahrtsstaat noch leisten, wenn unsere globale Wettbewerbsfähigkeit langsam, aber konsequent sinkt? Es wird Sie, unabhängig davon, wie alt Sie sind, ob und was Sie arbeiten, jedenfalls massiv treffen. Daher kann uns Europa nicht egal sein.

Eine europäische Vision: Die Universität von morgen

Bisher wurde die Tatsache völlig ausgeblendet, dass die EU durch den Brexit mit Cambridge und Oxford die einzigen beiden Universitäten verloren hat, die in der globalen Spitzenliga mitspielen. Zwar ist die ETH Zürich weiterhin im Top-20-Ranking verblieben, die Schweiz gehört aber bekanntlich nicht zur EU. Wer von Uni-Rankings wenig hält, dem sei die schlichte Finanzkraft von US-Spitzenuniversitäten vor Augen geführt. Allein die Stanford-Universität verfügt über ein Stiftungsvermögen von 37,8 Milliarden

US-Dollar. Das Jahresbudget von Stanford beträgt 6,8 Milliarden Dollar, das ist deutlich mehr als das Budget aller 21 österreichischen Universitäten zusammen.

Daher erlaube ich mir an dieser Stelle ein konkretes Projekt vorzuschlagen, das die Zukunftsfähigkeit der EU erhöhen und der Abwanderung der klügsten jungen Menschen entgegenwirken würde. Wann wenn nicht jetzt wäre der ideale Zeitpunkt, um eine gemeinsame europäische Spitzenuniversität zu gründen, die in der Topliga mitspielen kann. Diese Universität sollte unbedingt eine echte Volluniversität sein, denn exzellente nationale Fachuniversitäten zum Beispiel auf dem Gebiet der Betriebswirtschaft gibt es mit INSEAD in Fontainebleau, IESE in Barcelona oder Bocconi in Mailand bereits genügend. Gerade in Zeiten von immer engeren Spezialisierungen spricht viel dafür, zu den Wurzeln der europäischen Universitäten zurückzukehren: einer »Gemeinschaft der Lehrer und Schüler« und der »Gesamtheit der Wissenschaften«.

Die Universität von morgen wird zwar wahrscheinlich noch immer mit fixen Grundmauern gebaut, die Lehrpläne sollten aber eher der Metapher mit den flexiblen Zelten gleichen. Die Studenten wollen keine starren Lehrpläne, sondern sich ihr Studium selbst zusammenstellen können. In einer Atmosphäre der wechselseitigen intellektuellen Inspiration würden Kunststudenten Vorlesungen in Gentechnik und Spieltheoretiker Seminare in Philosophie besuchen. Das ist keineswegs ein verwegenes Konzept, sondern an der Stanford-Universität schon lange erfolgreich realisiert. Um zu verhindern, dass 27 EU-Länder ständig versuchen, ihre nationalen Interessen in diese europäische Institution hineinzutragen, bedarf es eines renommierten Wissenschaftlers mit Managementfähigkeiten als Präsidenten. Das CERN, die Europäische Organisation für Kernforschung, ist ein Beispiel dafür, dass supranationale Institutionen durchaus funktionieren können.

Wer soll das zahlen? Es sei daran erinnert, dass der EU-Corona-Wiederaufbaufonds mit dem schönen Namen »Next Generation EU« insgesamt 750 Milliarden Euro umfasst. Ein Stiftungskapital von zwanzig Milliarden Euro für eine öffentliche europäische Topuniversität wäre sehr wohl möglich.

Bleibt nur mehr die Frage nach dem Standort zu lösen. Ich schlage dafür eine Stadt vor, die in Frankreich liegt, aber auch über eine deutsche Tradition verfügt: Straßburg. Im Gegenzug müsste Frankreich endlich auf den anachronistischen monatlichen Reisezirkus des EU-Parlaments nach Straßburg verzichten und in Brüssel tagen. Damit könnten jährlich über 110 Millionen Euro eingespart werden und die EU würde beweisen, dass ihr der Kampf gegen den Klimawandel wichtiger ist als nationale Egoismen.

Es existiert bereits eine Vielzahl von Schulen, Universitäten, Unternehmen und Organisationen in Europa, die zeigen, wie man das vorhandene Wissen erfolgreich umsetzen kann. Gelingt es aber nicht, die vielen starren Systeme durch lernende, lebendige Systeme zu ersetzen und Tabus mutig abzuschaffen, besteht die Gefahr, hinter die USA und China und in Folge auch hinter Indien immer weiter zurückzufallen.

Es wird immer Amerikaner geben, die Dinge anpacken, die völlig unrealistisch, unvorstellbar oder gar verrückt klingen. Und es wird eine Menge Europäer geben, die ihnen das auch sagen. Das Problem ist nur, die Amerikaner werden sich von keinem Europäer davon abhalten lassen – und die Chinesen schon gar nicht.

Der US-Amerikaner John Naisbitt, Autor des Weltbestsellers *Megatrends*, hat mehr als zwanzig Jahre in Österreich gelebt. Vielleicht hat ihn das zu einem seiner bekanntesten Zitate inspiriert: »Das typisch Menschliche ist, sich aus Angst vor einer unbekannten Zukunft an die bekannte Vergangenheit zu klammern.«

1 Im globalen Dschungel: *DER SPIEGEL* vom 20.5.2023, S. 75.
2 Darunter versteht man die Abwanderung von besonders gut ausgebildeten und talentierten Menschen aus einem Land, was zu Wettbewerbsnachteilen und langfristig zu Wohlstandverlusten führt.

Keiner von uns ist so klug wie wir alle zusammen

Eine neue Zukunft entsteht gerade. Dürfen wir optimistisch oder müssen wir pessimistisch sein? Uns hoffnungsvoll oder verloren fühlen? Worauf können wir vertrauen? Was sollten wir lernen?

Zwei Besonderheiten haben es der Menschheit in der Vergangenheit ermöglicht, sich trotz aller Rückschläge immer weiterzuentwickeln:[1]

Die Fähigkeit, in großen Gruppen zu kooperieren: Niemand von uns, keine Softwaretechnikerin, keine Nobelpreisträgerin, kein Landwirt, kein Raketenbauer, keine Handwerkerin wäre in der Lage, auch nur einen Bleistift ohne fremde Hilfe herzustellen, noch weniger einen Kugelschreiber oder gar ein Mobiltelefon. Wir brauchen den Austausch von Ideen und die Fähigkeit zur Kooperation, die die Grenzen von Geschlecht, Alter und Ländern überwinden.

Die Vorstellungskraft, an gemeinsame Geschichten zu glauben und uns davon leiten zu lassen: Geschichten können unglaublich positive (Jesus mit der Nächstenliebe) und negative (Hitler mit dem Rassenwahn) Macht entwickeln. Wir brauchen eine neue Geschichte, in der sich viele von uns wiederfinden.

Die Schnittstelle aller meiner Bücher ist die Überzeugung, dass wir immer eine Wahl haben und es stets eine Chance gibt. Erlauben Sie mir daher aus tiefer Überzeugung einen optimistischen Ausblick:

Stellen wir uns eine Welt vor, die von kreativen jungen Menschen geprägt wird, die gemeinsam mit neugierigen, lebenserfahrenen Älteren das Potenzial der Technologie zum Vorteil aller nutzten.

Die Essenz dieses Buches sind drei Einsichten, deren Anwendung die Voraussetzung dafür ist, dass jene positive Vision Gestalt annehmen kann:

Alles beginnt mit Vertrauen ins Leben. Der Vertrauens-Quotient VQ multipliziert unsere Fähigkeiten. Es existiert eine Brücke zwischen dem Grundvertrauen ins Leben und dem Vertrauen in unsere Fähigkeiten. Diese Brücke kann von beiden Seiten begangen werden. Je mehr wir über unsere Fähigkeiten wissen und diese dann auch tatsächlich anwenden, desto stärker wird der eine Tragpfeiler der Brücke, das Grundvertrauen ins Leben. Und je höher unser Grundvertrauen ist, desto mehr festigen wir den zweiten Tragpfeiler, unser Vertrauen, neue Fähigkeiten entdecken und auszuüben zu können. Die verlässlichste Quelle von Stabilität in unsicheren Zeiten ist Vertrauen.

Kooperieren und Lernen mit den vier Zukunftskompetenzen: Keiner von uns ist so klug wie wir alle zusammen. »Yes we can« ist stärker als »Yes I can«. Lernen findet über Beziehung statt. Probleme werden heute selten in individueller, isolierter Arbeit gelöst, sondern sind das Ergebnis von geteiltem und vernetztem Wissen. Das Modell der 21st Century Skills beschreibt die vier Zukunftsfähigkeiten, mit deren Hilfe wir gemeinsam Herausforderungen bewältigen können: Kommunikation, Kollaboration, Kreativität und kritisches Denken. Die Verantwortung, sich diese Fähigkeiten selbst anzueignen, praktisch anzuwenden und gemeinsam mit anderen ständig weiterzuentwickeln, liegt bei jedem Einzelnen.

»Das dynamische Dreieck« der Zukunft: Dieses liegt im Zusammenspiel der Jungen mit den Älteren und der verantwortungsvollen Nutzung von Technologie: Die Synthese aus dem Erneuerungswillen der Jungen, der Lebenserfahrung der Älteren und der Nutzung des Potenzials der Künstlichen Intelligenz ermöglicht gemeinsame Lösungen für die kleinen und großen Probleme unserer Welt. Voraussetzung dafür ist eine echte Dialogfähigkeit, die in der Familie beginnt. Der Ton macht die Musik. Die Älteren hören den Jungen vorurteilsfrei zu, und die Jungen unterstützen sie dabei, die Welt von morgen besser zu verstehen.

Was ich selbst durch die Gespräche mit den jungen Menschen gelernt habe

Als erstes Ergebnis dieses Buches habe ich mir mein eigenes »dynamisches Dreieck« geschaffen:

An einem Eckpunkt stehen zwei ehemalige Schüler der Sir Karl Popper Schule. Wenn es darum geht, welche Kamera, welches Mikrofon ich für meine Podcasts verwenden, auf welchen Plattformen ich diese kommunizieren soll, welche Inhalte junge Menschen interessieren könnten, vertraue ich Adam El-Hamalawi, der Medientechnik studiert hat und bereits eine eigene Filmproduktionsfirma betreibt. Von ihm lasse ich mich in die mir neuen technischen und digitalen Welten einführen. Julian Bridi hat gerade maturiert und sich angeboten, pro bono bei meinen Projekten mitzuarbeiten, um dabei zu lernen. Sein kritisches Feedback zu meinen Social-Media-Aktivitäten ist extrem hilfreich, um in Zukunft jüngere Menschen besser zu erreichen. Adam und Julian haben diesem Buch auch wichtige Impulse gegeben.

Der zweite Eckpunkt des Dreiecks bildet das Wissen der beiden Jungen über Technologie, insbesondere KI. Sie schlagen mir immer wieder Bücher, Videos und interessante Persönlichkeiten zum Thema Technologie vor, auf die ich nicht kommen würde. Ihre Inputs sorgen dafür, dass ich ständig gefordert bin, zumindest zu versuchen, den Anschluss an für mich wichtige technologische Innovationen nicht zu verlieren. Und sie helfen mir ganz konkret, wenn ich mit einem für mich neuen Computerprogramm nicht weiterkomme. »Bitte ganz langsam noch einmal«, sage ich dann oft.

Der dritte Eckpunkt des Dreiecks bin ich selbst. Adam unterstütze ich mit meinem Netzwerk, bestimmte Türen zu öffnen, durch die er sicher selbst auch käme, aber so geht es schneller. Mit Julian reflektiere ich seine Studienwahl und Lebensziele. Der regelmäßige Austausch mit Adam und Julian macht mir bewusst, wie oft ich noch immer in die Falle des vorschnellen Urteils über neue Ideen tappe. Diese Erkenntnis fördert die Entwicklung meines Anfänger-Mindsets und hilft mir immer wieder, in die Rolle des Lehrlings zu schlüpfen.

Wer selbst als Mentor für Jüngere wirkt, dem wird das Leben mit hoher Wahrscheinlichkeit selbst erfahrene Mentoren zuführen, die ihn unterstützen. Meine wichtigsten Mentoren sind zwischen 75 wie Paulo Coelho und 97 Jahren alt, wie der Benediktinermönch David Steindl-Rast. Die Psychologin Helen Palmer, die mir ein tieferes Verständnis des Enneagramm-Persönlichkeitssystems beigebracht hat, ist 83 Jahre alt. Die Weisheiten meiner verstorbenen Mentoren und Lehrer wie des Altabts von Stift Melk Burkhard Ellegast, des Rabbis David Goldberg oder des Glücksforschers Mihály Csíkszentmihályi bereichern noch immer mein Leben und sind auch in dieses Buch eingeflossen. Sie alle haben meinen Lebensweg nicht durch Belehrungen beeinflusst, sondern indem sie Sehnsüchte, aber auch Gefahren in meinem Innersten spüren konnten, oft bevor ich mir dieser selbst bewusst war.

Eine Empfehlung für den Anfang: Bilden Sie Ihr eigenes »dynamisches Dreieck«

Die größte Macht beruht auf Kooperation. Ganz wichtig: Das »dynamische Dreieck« funktioniert auf Augenhöhe. Wir lernen am meisten von jenen, die sich von uns unterscheiden. Egal ob Sie sich der älteren oder der jüngeren Generation zugehörig fühlen, suchen Sie sich ein bis zwei andere Menschen, die Sie als Mentor unterstützen und von deren Haltungen und Fähigkeiten Sie lernen wollen. Sollten Sie sich zu den jungen Leserinnen und Lesern meines Buches zählen, wagen Sie den ersten Schritt und fragen Sie eine für Sie interessante ältere Person, ob diese mit Ihnen ein Dreieck bilden will. Wenn Sie schon über reichlich Lebenserfahrung verfügen, werden Sie Mentor für Junge – und gleichzeitig deren Lehrling. Wählen Sie zum Start gemeinsam jene Themen in diesem Buch aus, die Ihnen spannend für einen Austausch erscheinen. Wenn Sie nur diese eine Idee konkret umsetzen, dann wird das Ihr Leben bereichern.

»Wie können wir in Zukunft Technologie mit persönlichen Beziehungen sinnvoll verbinden?« ist eine Frage von wachsender Bedeutung. Ein gelungenes Beispiel dafür sind die WhatsApp-Familiengruppen, die in der Pandemie entstanden sind. Die technisch versierten Jungen haben WhatsApp auf den Mobiltelefonen der Eltern und Großeltern eingerichtet. Damit war es dann möglich, dass die besonders schutzbedürftigen Omas und Opas weiter mit ihren Kindern und Enkeln täglich in Kontakt bleiben und diese nicht nur hören, sondern sogar auf dem Bildschirm sehen konnten. Die Großeltern sind ein wichtiges Bindeglied zwischen den Generationen. Fast alle jungen Interview-Partner haben ein sehr positives Verhältnis zu ihren Großeltern. Das »dynamische Dreieck« des Zusammenspiels der Jungen mit den Älteren und der Nutzung von

Technologie beginnt in der Familie. Dieser Dialog könnte sich in der Gesellschaft fortpflanzen. Gerade wenn Sie selbst Kinder haben, ist es wichtig, neue Brücken zu anderen jungen Menschen zu schlagen.

Das erste Kapitel hat mit dem Zitat eines jungen Menschen begonnen, lassen wir es so ausklingen. Julian Rothenbuchner:»Was oft in polarisierenden Situationen und heißen Diskussionen untergeht, ist, dass wir als junge Generation die Meinung der älteren Generation trotz aller Unterschiede schätzen und dass sie ein großes Gewicht hat. Nur wenige junge Menschen wollen alles komplett niederreißen. Wir brauchen die Erfahrungen der Älteren. Deren Weisheit hat mir unglaublich viel ermöglicht. Es geht gar nicht darum, dass sie unsere Probleme lösen und uns unbedingt helfen müssen. Alleine, dass dieser Austausch stattfindet, man sich respektiert und einen echten Dialog schafft, ist unglaublich wertvoll.«

1 Yuval Harari hat diese Thesen ausführlich in seinem Buch *Eine kurze Geschichte der Menschheit* argumentiert.

Test: 21 Fragen zur Selbsteinschätzung Ihrer Zukunftsfähigkeiten

Das Einzigartige an diesem 21-Fragen-Test ist, dass ihn begabte junge Menschen anhand der ihnen wichtig erscheinenden Themen und Fragen entwickelt haben, um Ihre Zukunftsfähigkeiten in Erfahrung zu bringen. Er ist pur und authentisch, professionelle Test-Entwickler haben bewusst nicht daran mitgewirkt.

Der Test besteht aus Ja-/Nein-Fragen. Es liegt an Ihnen, sich selbst ehrlich einzuschätzen.

1. *Selbstreflexion und Adaptionsfähigkeit:* Ich nehme mir Zeit, meine Emotionen und ihren Einfluss auf mein Denken und Tun zu analysieren. So kann ich meine Herangehensweise an verschiedene Situationen anpassen.

2. *Kognitive Empathie:* Ich kann die Gedanken und Perspektiven anderer Menschen erkennen und berücksichtige sie in meiner Kommunikation.

3. *Einflussnahme ohne Dominanz:* Ich kann meine Meinung ausdrücken, ohne andere zu dominieren, und ermutige zur Zusammenarbeit statt zur Konkurrenz.

4. *Veränderungen begleiten:* Ich unterstütze Menschen in Veränderungsprozessen, indem ich ihre Beden-

ken ernst nehme, und helfe ihnen, sich auf Neues einzulassen.

5. *Differenzierte Wahrnehmung:* Ich kann gut zwischen der objektiven Beobachtung und der subjektiven Interpretation einer sozialen Situation unterscheiden.

6. *Entscheidungsfindung:* Auch bei widersprüchlichen Informationen oder Meinungen kann ich reflektierte Entscheidungen treffen.

7. *Langfristige Perspektive:* Ich nehme kurzfristige Unannehmlichkeiten in Kauf, wenn ich die Chance sehe, langfristig bessere Ergebnisse zu erzielen.

8. *Prioritätenmanagement:* Ich kann klare Prioritäten setzen, auch wenn ich mit verschiedenen für mich wichtigen Anforderungen konfrontiert bin.

9. *Flexibilität:* Ich würde einen Job außerhalb meines erlernten Berufs annehmen und wäre bereit, neue Fähigkeiten zu entwickeln, wenn ich damit mehr Zukunftschancen hätte.

10. *Fehler als Chancen:* Wenn beruflich etwas durch mein Mitwirken schiefgeht, erkenne ich meine Irrtümer und verbessere meine Herangehensweise, indem ich aus meinen Fehlern lerne.

11. *Resilienz:* Ich habe mich von Rückschlägen in meinem Leben meist schnell erholt und bin dank der Erfahrungen, die ich dabei gemacht habe, gestärkt aus ihnen hervorgegangen.

12. *Experimentierfreude:* Ich bin bereit, neue Ansätze auszuprobieren, auch wenn ich dabei anfangs auf Widerstände stoße.

13. *Anpassungsfähigkeit:* Im Vergleich zu anderen Menschen in meinem Umfeld kann ich mich schneller an Veränderungen anpassen und deren Vorteile besser nutzen.

14. *Ständig weiterlernen:* Ich habe innerhalb der vergangenen zwölf Monate eine Fähigkeit auf einem für mich neuen Gebiet erlernt.

15. *Offenheit für neue technologische Entwicklungen:* Ich bin motiviert, neue Technologien wie Künstliche Intelligenz zu verstehen und wende sie praktisch in meinem Leben an.

16. *Innovationsbereitschaft:* Ich reflektive selbstkritisch meine Vorurteile, bevor ich neue Ideen beurteile.

17. *Adaptionsfähigkeit:* Ich bin bereit, mich neuen Situationen anzupassen, selbst wenn es bedeutet, bisherige Gewohnheiten zu ändern.

18. *Neugierde im Wandel:* Ich informiere mich ausführlich über neue Technologien und Fortschritte und probiere sie aus, um mir darüber eine eigene, fundierte Meinung zu bilden.

19. *Open Mindset:* Ich kann Eigenschaften meiner Persönlichkeit verändern, auch grundlegende.

20. *Regelbruch für Kreativität:* Ich bin bereit, etablierte Regeln zu hinterfragen und wenn notwendig auch zu brechen, um Innovationen zu ermöglichen.

21. *Ich nutze das Internet als Informations- und Wissensquelle:*

   1. Ich habe schon mehrere TED-Talks gesehen.

   2. Ich habe mir neues Wissen schon öfter mit YouTube angeeignet.

   3. Ich kann mir schnell bei für mich wichtigen Themen Zugang zu verlässlichen Informationsquellen verschaffen.

(Nur wenn Sie alle drei Punkte mit »Ja« beantworten, die Frage 21 mit »Ja« ankreuzen, sonst »Nein«.)

Die Auswertung

Soziale Kompetenzen:
Wie oft haben Sie die Fragen 1 bis 5 mit »Ja«
beantwortet?   ---

Umgang mit Ambivalenz:
Wie oft haben Sie die Fragen 6 bis 9 mit »Ja«
beantwortet?   ---

Lernen zu lernen:
Wie oft haben Sie die Fragen 10 bis 14 mit »Ja«
beantwortet?   ---

Haltungen zu Zukunftsthemen:
Wie oft haben Sie die Fragen 15 bis 21 mit »Ja«
beantwortet?   ---

Summe der »Ja«-Antworten   ---

Das Ergebnis

Weniger als zehn »Ja«-Antworten:
    Machen Sie sich fit für die Zukunft! Es ist nie zu spät.

11–15 »Ja«-Antworten:
    Sie haben Potenzial! Wagen Sie sich an die
    Zukunft heran!

15–19 »Ja«-Antworten:
    Wir gratulieren! Sie sind fit für die Zukunft!

20–21 »Ja«-Antworten:
    Respekt! Sie sind Ihrer Zeit voraus.

Um den Test noch aussagekräftiger zu machen, können Sie zwei bis drei Ihnen vertraute Personen bitten, Sie mit den Fragen einzuschätzen. Sie müssen im Test dann immer nur das Wort »ich« durch Ihren Namen ersetzen. Sie lernen damit in jedem Fall etwas über Fremd- und Eigenbild.

Danke

An erster Stelle möchte ich den **Schülerinnen, Schülern** und **Absolventen** der **Sir Karl Popper Schule** in Wien und des **Sächsischen Landesgymnasiums Sankt Afra in Meißen** für ihre Zeit und ihr Engagement danken, ohne die dieses Buch nicht möglich gewesen wäre. Die Direktoren **Edwin Scheiber** und **Stefan Weih** haben das Projekt von Beginn an unterstützt und mit wesentlichen Impulsen bereichert. Die Sir Karl Popper Schule feiert heuer ihr 25-jähriges Jubiläum. An ihrer Wiege stand ich gemeinsam mit **Bernhard Görg** und **Walter Strobl**. Dem Gründungsdirektor **Günter Schmid** und dem damaligen Präsidenten des Wiener Stadtschulrates **Kurt Scholz** verdanken wir den erfolgreichen Start gegen viele Widerstände.

Schreiben ist für mich ein kollektiver Prozess. Ich habe das Glück, seit vielen Jahren Zugang zu den Herzen und Hirnen von vielen faszinierenden Menschen zu finden. Ihre Ideen und ihr Wissen haben mir entscheidend geholfen, dieses Buch zu schreiben. Ich möchte ihnen allen an dieser Stelle herzlich danken, dass sie mir so viel von ihrem wertvollsten Gut, ihrer Zeit, geschenkt haben.

Für die fachliche Unterstützung bei der Arbeit an diesem Buch möchte ich mich besonders bei dem Maler und Philosophen **Djawid C. Borower**, dem Künstler **Klaus Elle**, dem Psychoanalytiker und Managementcoach **Klaus Geisslmayr**, dem Gründer der Philosophischen Praxis **Leo Hemetsberger**, dem Genetiker **Markus Hengstschläger**, dem Senior-Berater der Beratergruppe Neuwaldegg

Torsten Jung, dem Leiter des Zentrums für LehrerInnenbildung der Universität Wien **Manfred Prenzel**, der Familientherapeutin **Martina Rammer-Gmeiner**, dem Geschäftsführer der Primas Consulting **Günter Rattay**, dem Kulturmanager und Initiator des inklusiven Schulprojekts MellowYellow **Guido Reimitz**, der Bereichsleiterin für Begabungsförderung der Pädagogischen Hochschule Salzburg **Claudia Resch**, dem Senior Advisor der Executive-Search-Firma Amrop **Günther Tengel**, dem Ökonom und Aktionsforscher am *Massachusetts Institute of Technology* (MIT) **Otto Scharmer**, dem Managing-Partner von Pantarhei Advisors **Markus Schindler**, dem em. Leiter des Instituts für LehrerInnenbildung der Universität Innsbruck **Michael Schratz**, dem Karriereforscher an der WU Wien **Johannes Steyrer,** dem Direktor des Leopold Museum **Hans-Peter Wipplinger** und der Entwicklerin des Gegenstandes »Kommunikation und Sozialkompetenz« an der Sir Karl Popper Schule **Renate Wustinger** bedanken.

Mein ganz besonderer Dank gilt meinem spirituellen Mentor, dem Benediktinermönch **David Steindl-Rast**, der mit seiner Lehre von der Dankbarkeit mein Leben und dieses Buch wunderbar bereichert hat. Mit dem Glücksforscher **Mihály Csíkszentmihályi** und dem Altabt des Benediktinerstifts Melk **Burkhard Ellegast** habe ich zwei Freunde und Mentoren als Unterstützer verloren. Mit ihrem Tod haben sie eine große Lücke in das Leben vieler Menschen gerissen, die sie persönlich kennen durften.

Für das große Vertrauen und die professionelle Unterstützung möchte ich mich bei meinem Verleger **Bernhard**

Salomon von *edition a* und seinem **überaus engagierten Team** herzlich bedanken. Ich danke meinem langjährigen Lektor **Arnold Klaffenböck** für sein unbestechliches Urteil.

Folgenden Menschen habe ich die Rohfassung dieses Buches vorab anvertraut. Sie haben das Buch mit ihren Ideen und ihrem Feedback lesefreundlicher und entscheidend besser gemacht: **Julian Bridi, Florian Brosch, Adam El-Hamalawi, Stella Engel, Klaus Geisslmayr, Anna Georgiades, Bernhard Görg, Joey Guercio, Markus Gull, Magdalena Hankus, Eva Maria Heusserer, Yasmin Hirth, Astrid Kleinhanns-Rollé, Sissy Kreuzmayr, Martina Maresch, David Michler, Monika Ottenschläger, Elham Pedram, Thomas Plötzeneder, Martina Rammer-Gmeiner, Günter Rattay, Manuela Rattay, Lina Reiter, Sissi Resmann, Birgit Ruby, Sonja Schärf-Stangl, Sascha Strohmer, Lara Tegrovsky** und **Witold Szymanski.**

Ihre Meinung ist mir wichtig.

Sie können mir gerne eine E-Mail an *andreas@salcher.co.at* schreiben, mich auf meiner Website *www.andreassalcher.com* besuchen, mir unter *@SalcherAndreas* auf Twitter oder auf meiner Seite bei Facebook folgen. Meinen Podcast »Lebensbildung« können Sie auf YouTube, auf meiner Website oder i-Tunes anhören und kostenlos abonnieren.

Andreas Salcher
Wien, im Oktober 2023

Foto: Lukas Beck

Schülerinnen und Schüler der Sir Karl Popper Schule

*Schülerinnen und Schüler des Sächsischen Landesgymnasiums
Sankt Afra*

Andreas Salcher mit Sir Karl Popper bei der Gründung der Schule

ANDREAS SALCHER

DIE GROSSE ERSCHÖPFUNG

UND DIE QUELLEN DER KRAFT

edition a

Andreas Salcher,
Die große Erschöpfung

Die große Erschöpfung ist ein Phänomen unserer Zeit. Das spüren inzwischen auch viele, die sich bisher als immun dagegen empfunden haben und ihren Alltagsstress gut bewältigen konnten. Andreas Salcher entlarvt falsche Mythen, benennt Ursachen und zeigt anhand der faszinierenden Erkenntnisse des Sinnsuchers Viktor Frankl, des Glücksforschers Mihály Csíkszentmihályi und des Benediktinermönchs David Steindl-Rast konkrete Zugänge zu den eigenen Quellen der Kraft.

240 Seiten, 25€
ISBN: 978-3-99001-628-2

Willkommen im Klub der »Freunde der letzten Seite«. Sie gehören zu jenen 17 Prozent Menschen, die bei einem Buch zuerst die letzte Seite lesen. Meine Zusammenfassung für Sie als Motivation, dieses Buch von der ersten Seite an zu lesen:

Ich habe besonders begabte junge Menschen in Österreich und Deutschland interviewt, um von ihnen jene Denkweise und Haltungen zu lernen, die wir alle brauchen, um die Zukunft mitgestalten zu können.

Das offene Geheimnis: Alles beginnt mit Vertrauen ins Leben. Der Vertrauens-Quotient VQ multipliziert unsere Fähigkeiten.

In Zukunft werden Menschen nicht mehr für ihr Wissen, sondern für das, was sie mit ihrem Wissen anfangen können, belohnt werden.

Drei Zitate aus dem Buch:

»Als ich 14 war, war mein Vater so dumm, dass ich ihn kaum ertragen konnte. Aber als ich 21 wurde, war ich doch erstaunt, wie viel der alte Mann in sieben Jahren dazugelernt hatte.«

Mark Twain

»Zweifle nie daran, dass eine kleine Gruppe engagierter Menschen die Welt verändern kann – tatsächlich ist dies die einzige Art und Weise, in der die Welt jemals verändert wurde.«

Margaret Mead

»Jeder Mensch ist ein Künstler.«

Joseph Beuys